和光大学経済経営学部
55周年記念　教育論文編

経済経営学部の
キセキ

和光大学経済経営学部［編］

JN116493

創 成 社

―――――清水雅貴―――――

和光大学経済経営学部長

和光大学経済経営学部55周年記念誌（教育論文編）の刊行に寄せて

　本書は，和光大学経済経営学部が創設55周年を記念して発行する，これまでの学部教育の軌跡と，学部教員による日々の教育実践の成果をまとめたものである。

　大学教育には総じて要領やマニュアルは存在せず，各教員が社会の出来事や要請に応じて機敏かつ，時として大胆にそれぞれの学問領域を講説してきた。

　本書では，これまでの経済経営学部における教育実績を振り返り，個性にあふれ，学生視点に立った教育の在り方について回顧している。そして，現在または未来の新しい教育の具現化に傾注する学部教員の姿勢を多方面に向けて発信している。

　このような教育実践の成果が文章化される機会は少なく，経済経営学部として新しい試みとなる。こうして生まれた本書がこれからの学部教育をより一層深化，発展するための羽翼となることを切に願っている。

　最後に，本書の編纂にあたっては，和光大学経済経営学部55周年記念誌委員会の先生方（加藤巌委員長，稲田圭祐委員，杉本昌昭委員，海老原諭委員，齋藤邦明委員，丸山一彦委員）に多大なご尽力をいただいた。ここに感謝の意を表したい。

目　次

和光大学経済経営学部55周年記念誌（教育論文編）の刊行に寄せて

鈴木岩行・上野哲郎・

和光大学経済経営学部55周年記念誌委員会

経済と経営を複合的に学ぶ 日本初の学部

緑あふれる「ここだけの世界」で
感性豊かなキャンパスライフを

和光大学

経営学科の小林猛久先生と
学生らが地域連携事業で活躍

「地域デザイン」はブルーベリー，ローズマリー，万福寺にんじんなど，自分たちで育てたものをもとに商品を開発し，販売まで行う授業。他学科の友達や先輩と交流できるので自然と視野が広がっていく。

岡上エール

「地域デザイン」

頂上★杣の
無料配布デザイフループ
税込 ¥100

はじめに ―自由な学びの大学に不可欠なもの―

　大学での学びは，高校までの学習とどのように異なるのだろうか。1966年，和光大学初代学長の梅根悟先生が初めての入学登録（和光では入学式ではなく，入学登録と呼ぶ）で大学教育について，つぎのように新入生へ語っている。以下，抜粋する。

　　「諸君のこれまでの，小学校から高等学校までの学校生活では，いつも先生が親切に面倒を見てくださり，先生が諸君のそばまで足を運んできて，何くれとなく面倒を見，世話をし，小言を言って下さったはずですが，大学ではそれを致しません。そこで大学では諸君の方から先生のそばに歩いてゆく必要があるのです。先生の方から歩いて近よって下さるのを持っているような，受け身の態度で居たら大学生活は諸君にとって無意味なものになるでしょう。諸君の方から歩いて近づいてゆくという態度なしには大学らしい大学は成立しないのです。研究室でも，食堂でも，道ばたでも，どこでもいい，どしどし先生方に近づいて行って，そしてその先生から存分に滋養を汲みとるという積極性こそが，大学の成立条件，大学にとってのシネ・クワ・ノンだと言ってよいのであります。それなしには，自由な学習の場としての大学は成立しないのです。」

　　（シネ・クワ・ノンとは，ラテン語で「不可欠なもの」という意味。）

　すなわち，大学は，研究者としての教員と緊密な関係を保ちつつ，学生が物事について徹底的に突き詰めてみる，深く考えるという経験のできる場所である。

そこで，和光大学では「自由な学習」を保障するために，学生にすすめたい講義や演習をできるだけ豊富に提供すべく，創立以来自由選択科目の幅を広くして，様々な科目を履修できるよう制度を整えてきた。

　冒頭に述べた「大学での学びは高校までとどこが違うのか」という問いに戻るなら，つぎのように答えることもできる。「高校時代はほぼ全員が同じ勉強をしてきた3年間」だが，「大学は，それぞれが異なる学問を突き詰めていく4年間」といえる。

　高校までは，同級生が同じ科目を同じクラスで習ってきた。同学年の全員がほぼ同一の時間割で3年間を過ごしたはずだ。大学では，同じ学科の同級生でも4年間を通してすべて同じ科目を一緒に学び続けるということはない。

　とくに和光大学では，学部学科や学年も超え，他学部，他学科の授業を受講することも推奨されている。学生一人一人が興味や関心をもつ授業科目を選択できるのである。和光大学では，科目選択の「自由」をできるかぎり保障するよう努めてきた。

　ただし，こうした自由が「放縦や怠慢」につながる危険性についても触れなければならない。大学での自由意志に基づく学びは，学生が授業をテキトーに選ぶことを容認するものではない。気ままな「怠慢」につながらないよう各自が努めることが求められている。これこそが「学習の自由」を守るために大切にされてきた伝統である。

　自由を与えられた者は，同時にそれを適切に使うことを求められる。適切な利用でなければ，自由は自ら壊れてしまうことを忘れてはならない。そうであってこそ，多くの人にとって大学生活が実りある時間となり，大きな成果に結びつくのである。

❷ 経済経営学部とは

　前述のように，和光大学は1966年に開学した。この時点では，人文学部（人間関係学科・文学科・芸術学科）と経済学部（経済学科）の2学部4学科構成であった。つまり，経済学部は経済学科のみの単科の学部であった。

　当時，日本は高度経済成長の真っただ中にいた。1960年12月に池田内閣が10年間で国民所得を2倍にするという大胆な「国民所得倍増計画」を公表した。それから「東洋の奇跡」と呼ばれた高度経済成長が1970年7月頃まで続き，この間に日本的経済システムが確立されていった。

　その後，1970年代のドルショック（ドルと金の兌換停止）や石油ショックによる混乱期を乗り越えて，日本は1980年代に経済の膨張期を迎えた。とくに1980年代後半は日本企業が様々な分野で世界市場を席巻する強さを見せた。欧米の企業を買収するだけでなく，不動産や芸術作品まで盛んに購入した。いわゆるジャパンマネーの世界進出が起こった。このこともあり，世界中で日本企業の強さの源泉についての研究が盛り上がったのである。

　和光大学でも世界的潮流を重視して，1989年に経済学部に経営学科を開設した。この年は東証株価指数が史上最高値を記録するなど戦後経済の最盛期を象徴しており，まさに，日本企業が世界最強とされた時代であった。

　しかし，1990年代に入ると膨張を続けた「バブル経済」もはじけ，日本は長い低成長期に入った。この間，日本政府が打ち出す経済政策は，大きな効果を見せることはなかった。

　こうした状況に薄日が差し始めたのは，1990年代末から2000年代はじめ頃であった。情報技術（インターネット）が長足の進

歩を遂げ，その成果は社会のいたるところで使われ始めていた。社会のあらゆるものが，そして，人がつながるようになったのである。研究の世界でも学際的と呼ばれる，様々な分野が重なり合った，もしくは融合した研究が盛んに行われるようになった。

　この頃，いち早く経済と経営を複合的に学ぶことの重要性に気が付いた和光大学の教員らは，時代の要請に応えるべく，経済学部の改組に取り組み始め，2004年に経済経営学部を立ち上げた。と同時に，経営学科を経営メディア学科に衣替えした。2004年の段階で経済経営学部への組織改編を行ったのは，全国的に見ても和光大学が先頭だったと思われる。

　そして2010年代に入ると，情報技術が生み出した社会システムが日々の暮らしに欠かせないものとなった。私たちは朝起きてから夜眠りにつくまで，情報端末やその提供するものなしでは生きていけない。こうした現代社会を生み出した情報技術とその影響は，第4次産業革命にも擬せられる。こうしたことから，2013年に経営メディア学科は，より大きな分野を包含する経営学科へ組織改編されたのである。

　一方，経済学科は名称変更していない。ただし，財政や金融，社会保障などの重要性が高まる中，同分野の学習機会を充実させてきた。同時に「公務員試験対策プログラム」も立ち上げた。

　こうして和光大学は日本社会の歴史的変化を先取りする形で，既存の学部や学科の改組転換を重ねてきた。その結果，現在は経済経営学部に経済学科と経営学科が存立している。

　また，和光大学は創立以来，「少人数教育」の実施や「総合的知性」および「総合的教養」の重視，多岐にわたり細分化された「専門性」と「総合性」との両立などを極めて大事にしてきた。すなわち，開学以来引き継がれてきた基本原則にも則って，和光大学経済経営学部は組織改編を経て整えられてきたのである。

③ 二つの学科

　上記のように，現在の経済経営学部は，経済学科と経営学科の二つの学科から成る。それぞれの学科は独立したカリキュラムと教員組織を持っている。と同時に，経済と経営の双方に関わる内容を総合的に学習することができる学部体制を採用している。

　そもそも経済学と経営学は近接領域といえる。両者ともに社会の仕組みや現状を，消費者・企業・政府などの切り口から分析し，我々がいかに生きてゆくべきかを考える学問である。つまり，環境，情報，グローバル化などをキーワードに，高度化した現代社会で実際に役立つ知識を学ぶ"実践的な学問"の双璧といえる。

　両学科では，4年間の学習の中で各自の目標や関心に合わせて，専門分野に対する理解をより深めていけるよう支援している。経済や経営の理論を学ぶ科目を体系的に配置しているほか，企業訪問や海外を中心としたフィールドワーク（国内も含む）などを授業に取り入れ，実地研修や実習を通じた教育を行っている。

　また，グローバルな人材育成を目指して，外国語教育および情報関連教育を重視し，コンピューター関連科目を数多く設置するなど，実践的なカリキュラムが用意されていることも特徴のひとつとなっている。

　さらに，少人数制で取り組むキャリア教育科目やゼミナールを通じ，学習を深める上でも，卒業後に社会で活躍する上でも必要とされる，コミュニケーション力やチームワーク力を育む取り組みを徹底して行っている。

　現代社会では，情報化や国際化の進展，環境問題の深刻化など，経済や経営を取り巻く様々な課題や問題に積極的に取り組むことができる人材が求められている。自らの意志で時代を読み取り，

社会的な貢献ができる豊かな国際性と社会性を兼ね備えた学生を世に送り出したい，それが私たち経済経営学部の願いである。

4 おわりに

　和光大学はよく「学生と教員の関係が近い」と評価される。こうした評判こそが，冒頭に紹介した自由な学びの大学教育に必要不可欠のもの（シネ・クワ・ノン）を和光大学が大事にしてきた証といえる。学生と教員の近しい関係があってこそ，自由な学習と高度な研究が生まれるのである。

　創立以来，和光大学経済経営学部では，学生が幅広い授業科目から自由選択できるよう支援してきた。次章以降で，経済学科と経営学科がどのように自由選択科目と専門科目の関係を整えてきたのかについても説明する。その成果も含めて，本書から和光大学経済経営学部の教育に共感を持っていただけることを願っている。

清水雅貴・和光大学経済経営学部55周年記念誌委員会

ずっと好きな人が
ポイ捨てしていた。
百年の恋も冷めた。

私たちは環境と
どう向き合って
いけばいいか？
清水先生、
教えてください。

廃棄物問題を考えるために、こんな実験を行っています。まず、空のペットボトルを教室内でポイ捨てしてもらう。指名された人は散乱したペットボトルを拾い、捨てた人はその光景をじっと見つめていなくてはなりません。実験後、参加者に話を聞くと、捨てた人は理不尽さを感じます。このことからわかるのはゴミの不法投棄を抑止しているのも、不法投棄されたゴミの回収を進めているのも、社会的規範や人の倫理観、ボランティア精神にあるという現状です。しかし、それだけで本当に良いのか。よりよい制度設計はできないか。誰がどれくらいコストを負担するべきか。そのように環境保全のあり方について経済学の視点から考える。それが環境経済学です。地球温暖化、大気汚染、水の問題などテーマは無数。人が環境とどう向き合っていくかを考える学問と言ってもいいかもしれません。

経済学科
清水雅貴

和光3分大学

現代人間学部
表現学部
経済経営学部

小田急線鶴川駅から
徒歩約15分
http://www.wako.ac.jp/

ひとりを光らせる
和光大学

現場の中で
経済や社会を学ぶ

01
フィールドワーク（体験学習）

経済学科では，毎年，さまざまなフィールドワーク（体験学習）を開講している。これまでには，農村生活を体験する，自然エネルギー利用施設を見学する，ファスト・ファッション店舗を比較する，村の小関牟を企画・運営する，山村でお茶づくりを体系する，といった授業が行われている。

02　公務員試験対策プログラム

国家公務員，地方公務員，警察官，消防官をめざす学生のための授業（公務員講座）を開講している。本プログラムで設定されている講座科目は，他の授業と並行して受講しても無理なく学べるように，卒業に必要な単位として認められている。また，模擬試験や集中勉強合宿，個人指導（受験計画，面接対策）などを通じて，確実に「合格」に結びつく採用試験対策を行っている。プログラムへの参加は無料なので，受験予備校に通わずに効率的に試験合格をめざすことができる。

03
キャリア関連科目（就職支援科目）

企業との協力でインターンシップ（就業体験）を行う授業を開講している。授業内で，自己分析，プレゼンテーションなどを学んだ後，自分で企業を選択し，職業体験を実習する。そのほかにも「キャリア研究」「ビジネス・マナー演習」「キャリア・マネジメント」など豊富な就業支援科目を整えて，学生のキャリア形態を強力にバックアップする。

04　実践的に経済を学べる授業

「エンターテインメント経済学」では「地域を活性化させるエンターテインメントの形」をテーマに実際の水族館経営などを題材として，実践的に経済と地域の関係を学んでいく。またファッションを題材として，商品の国際的な流通通過などを学べる「ファッション経済学」を開講している。そのほかにも経済のしくみを実践的に学べる授業を多数開講している。

① はじめに

　和光大学の経済学科では，どのような人に何を学んでもらいたいのかを「アドミッション・ポリシー」として公表している。これは換言すると，経済学科が期待する学生像を示す「入学者受け入れ方針」といえる。アドミッション・ポリシーは以下のとおりである（大学ホームページから一部抜粋）。

　　経済学科では，社会の仕組みや経済の動きに関心があり，より多くの人がより豊かに暮らすためにはどうすればよいかを考えることに意欲がある人を求めます。

　つまり，私たちの経済学科では，暮らしを支える経済活動がどのように行われているのかを学び，その学びを通じ，より良い社会をつくるにはどうしたらよいかを「考える人」を求めている。
　そして，私たち教員一同は，経済学科で学んだ人たちが卒業後に「生活する人」として，共に生きる人々と豊かな人生を歩んでいくことを願っている。

② 経済学科のカリキュラム

　上記の「方針」に基づき，新入生を受け入れるため，経済学科ではカリキュラムに工夫を凝らしている。まず，経済学科では，経済学の理論，歴史，政策の3分野を中心にして専門科目を体系的に配置している。科目の配置には絶えず心を配り，初めて学ぶ人でも経済学の本質を掴めるようにしている。
　また，入学した人が学年を重ねるにつれて専門性を高められる

よう，専門科目を 1 年次から 4 年次まで階梯的に配置している。

さらに，少人数のゼミナールも数多く用意している。和光大学の特色でもある少人数クラスの双方向授業を通じて，専門知識，論理的思考力，プレゼンテーション能力，コミュニケーション能力，文章表現力を総合的に涵養している。

そして，通常の講義と並行して 4 年間の在学期間を通じ，職業観や社会人基礎力を育むキャリア教育を一貫して行っている。

③ 「経済学」の説明

経済学科の目指す人物像とカリキュラムの大枠が分かったところで，あらためて，経済学科で学ぶことを取り上げてみよう。

名前のとおり，経済学科とは「経済学」を学ぶ学科である。では，「経済学」とは何だろう。唐突な，しかも素朴な質問だが，少し読者と考えてみたい。

例えば，経済学を学ぶ動機を説明しなさいと要求されたら，どうすればよいのか。多くの人は戸惑うだろう。

実は，これまで和光大学を受験する人たちに「なぜ経済学科を志望したのですか」と面接試験で問うと，「経済の動きを勉強したいと思って受験しました」という答えが多かった。

もちろん，面接時の回答として唯一絶対の正解があるわけではない。志望動機であれば，それこそ千差万別でしかるべきだ。これから受験する人には志望動機を自由に語ってほしい。

ただし，「経済の動き」と話す時には，それが何を意味しているのかをじっくり考えてもらいたい。これが，経済学科教員としての正直な気持ちだ。

「経済の動き」とは，突き詰めると，ある商品やサービスの需要と供給が増えたり，減ったりすることだ。ここで，「需要と供

給とは何だ？」ということになるが、需要とは「人々の買いたい」数量、供給は「企業の売りたい」数量と理解しておけばよいだろう。

　では、ある商品を買いたい人が多いのに、売りたい企業が少なければどうなるだろう。詳しく説明するまでもなく、買いたい人が多い商品の価格は高騰するだろう。逆に、買いたい人が少なく、売りたい企業が多ければ、商品価格は下落するだろう。つまり、需要と供給のバランスが取れたところで取引が成立して、価格も安定するのである。

　経済の動きが不安定、つまり、需要と供給のバランスが悪いと、人々の買い物もままならず、それは引いては社会を不安定にするのである。そこで、需要と供給のバランスをいかに図るのかを考えるのが「経済学」の本質となる。

　具体的に、医療にかかわる需要と供給を考えてみよう。医療に対する需要とは、表現が正しいかどうかは一旦脇に置き、簡単に言い直すと「病院に行きたい人」が沢山いるということになる。一方、医療の供給とは、病院の数や、そこで働く医師・看護師の人数となるだろう。

　ここで、医療に関して「経済の動き」が悪い状況を想像してみる。例えば、病院に行きたい人が多いのに、病院の数や医師の人数が少ないとする。これでは、いわゆる病院代が高くなる。そして、そのまま医療に対する需要と供給のアンバランスが続くと、お金持ちだけが医療を受けられるといった不公平な社会が誕生してしまう。人びとの安穏な暮らしが乱されることになる。

　では、どうするか？経済学では、解決策を様々な観点から考える。例えば、人々の所得水準に応じて「医療費補助金」を用意することも一案だろう。また、医者や看護師の人数を増やすために医学部や介護学部の新設を計画する。さらには、海外の医療従事

者に労働ビザを発給して日本で働いてもらうなども検討できるだろう。それぞれの施策に対して，税制上の優遇措置を設ける，直接的に補助金を付けるといったことも議論し得るだろう。

さて，ここまで見てきたように，需要と供給が崩れた時に，そのバランスをどのように取り戻すのかを多面的に考えるのが経済学である。まるで，経済学を学ぶ人は飛ぶ鳥になって，社会問題を上から俯瞰しながら解決策を生み出すといえる。やや乱暴な言及ながら，社会事象を大きな視点で取らえる訓練をしたい人は経済学科の学びに向いているといえるだろう。

 「現場」から経済を学ぶ

前述のように，経済学では私たちの日々の生活に関わるモノやサービスの需要と供給のバランスをどうやって維持するのかを考える。この点から，経済学は「日常学」とも呼ばれる。

そして，私たちの日常はその時々の社会情勢から影響を受ける。そこで，経済学科で学ぶ人は大学を飛び出して，社会の日常，もしくは「現場」に足を運び，課題解決のためのヒントを探すことが求められる。

和光大学の経済学科も様々な「現場」学習の機会を用意している。例えば，経済学科には経済学とエンターテインメントを結び付けて地域活性化を実践するゼミナールがある。このゼミナールでは，（和光大学の位置する）町田市のジャズバンドと一緒になって，毎年，ジャズコンサートを開催し，大勢の観客を集めている。これは，単なるコンサートだけでなく，子どもにも分かるようなジャズ講座を組み込んで親子でも楽しめる工夫がなされている。

また，このゼミナールは，クラシックカーラリーの運営サポートチームとしても活動している。2019年には九州で開催された

Classic Japan Rallyの運営に携わり，被災地である熊本の復興支援に寄与した。学生たちは，地域の人々との交流を通じ，エンターテインメントには人々を動かす力があることを実感できたという。

さらには，環境問題を経済学の視点から学ぶゼミナールもある。このゼミナールでは，私たちの暮らしから出る大量の廃棄物がどのような影響を日本経済に与えているのかを実地調査を通じて研究している。このゼミナールでは現場学習を大切にしながら，CO_2問題や地球温暖化などを主要な研究課題としている。

上記のようなゼミナールだけではなく，経済学科では，毎年度，さまざまなフィールドワーク（体験学習）も開講している。これまでには，ファスト・ファッション店舗を比較分析する，自然エネルギー利用施設を見学する，農村生活を体験する，村のお祭りを企画・運営する，山村でお茶づくりを体験するといった授業が行われてきた。そのどれもが，現場体験から学び，考え，改善策を生み出すといった学習サイクルを持っている。

そして，上記の体験学習にあわせて，当該分野の歴史的背景や今後の見通しなども学べるように「エンターテインメント経済学」や「ファッション経済学」，「農業経済学」といった科目も用意している。すなわち，和光大学の経済学科では，経済の動きを「理論」と「現場」の両面から学べるように講座の構成を考えている。

⑤　経済学科学生の興味関心

経済学科では，上記のように経済のしくみを実践的に学べる授業を多数開講している。あわせて，実地に学ぶことがやや難しい，経済活動と人々の感情の関係や，はたまた発展途上国の貧困問題，さらには商品の国際的な流通過程なども学べる講義を開講している。

これらは，経済学科で学ぶ学生たちの多様な興味関心に対応したものである。学生の学びの広さは，彼らが仕上げた卒業論文のテーマからも見えてくる。これまでに提出された卒業論文には以下のような分野がある。

◎　貧困問題の原因に関する研究
◎　所得格差と租税
◎　少子高齢化と消費税
◎　新時代のエネルギー
◎　社会福祉のこれから
◎　介護保険の歴史と問題点
◎　温暖化ガス排出量取引について
◎　経済成長が地球温暖化に与える影響
◎　電子マネーの普及策について
◎　地方自治体の財政問題
◎　鉄道事業の経済学
◎　ファスト・ファッションの奇跡
◎　イベントが景気に与える影響について
◎　税金の公平性について
◎　震災被害の経済的側面
◎　被災者救済の社会問題
◎　自動車産業の衰退
◎　電話事業の民営化について
◎　スマートフォンの役割と問題点
◎　ネット・ゲームの経済効果

　上記の卒業論文のテーマを見ていると，学生が身近な問題を経済的な視点で切り取り，豊かな社会をつくる方法や，より良い人

生を送るにはどうしたらよいかを考えている様子が伺える。具体的な事象を分析しながら,「経済の動き」を理解しようとしているといえる。

6 キャリア研究

社会を大きな視点で分析するのが経済学だが,和光大学の経済学科での学びはそれだけに止まらない。4年間を通じて一人一人の「キャリア」を考える講座などを用意している。

例えば,企業との協力でインターンシップを行う授業を開講している。学内の授業で自己分析,プレゼンテーション手法などを学んだ後,自分で企業を選択し,就業体験に出掛けるのである。

そのほかにも外部専門家を招く「キャリア・マネジメント」や「ビジネス・マナー演習」といった就業支援科目を整えて,学生のキャリア形成を強力にバックアップしている。

また,就業支援の一環として,国家公務員,地方公務員,警察官,消防官などをめざす学生のための授業(公務員講座)も開講している。本プログラムで設定されている講座科目は,他の授業と並行して受講しても無理なく学べるように,卒業に必要な単位として認められている。

公務員講座では,模擬試験や集中勉強合宿,個人指導(受験計画,面接対策)などを通じて,合格に結びつく採用試験対策を行っている。プログラムへの参加は無料であり,学外の受験予備校に通わずに効率的に試験合格をめざすことができる。

さらに,和光大学経済学科の学生が取得できる資格としては,教員免許の社会(中学一種)や地理歴史(高校一種),公民(高校一種),さらには図書館司書や学校図書館司書教諭,博物館学芸員,社会教育主事などがある。

⑦ おわりに

ここまで述べてきたように，経済活動とは，モノやサービスを供給（生産）し，需要（消費）することである。経済学科では生産と消費がどのように行われ，そのバランスを取るにはどうすればよいのかを学ぶ。つまり，経済学を学ぶことは，適正な供給と需要の達成を通じ，より安定的な社会を作る力を養うことに繋がる。

ただし，私たちの社会では多様なモノやサービスが提供されている一方で，私たちが使える資源には限りがある。そこで，需給の面から考えると，有限な資源をどのように配分し，活用していくのかを探求するのが経済学を学ぶ大事な一面といえる。

さらに，現在の日本社会は，少子高齢化やグローバル化などの大きな課題にさらされている。こうした現代の課題が，様々なモノやサービスの需要と供給のバランスにどのような影響を与えるのかも考えていかねばならない。それだけに，本章で紹介してきたように，昨今とくに経済学科のカリキュラムは多様なものになってきた。

現代に生きる若い世代は，経済学科での学びを通じ，今後，社会に出て役に立つ知識や思考力を身につけてほしい。ますます複雑化する社会の問題を需給の面から多角的に分析し，その抱える課題を効果的に解決していく力を養ってほしいと願っている。

- 和光大学は小さいから先生との触れ合いが多い。先生の研究室にもかなり気軽に遊びにいける。僕は「すごくまじめな学生」ではないけれど，たくさんの先生と顔見知りだし，仲良くしてもらってます。

- 自分のやる気の限り，好きな事を最大限にできる大学だと思います。まだ自分のやりたい事が見つけられない人も，みんなに刺激を受けてよい大学生活が送れると思います。

- この大学では他学部からも授業を自由にとることができ，広い範囲から学べることができます。自由な発想を大切にするので，のびのびとした大学です。

- 和光大学は自由な学風で，勉強とサークルなどの課外活動の選択が幅広くできます。僕はバイトや友人との付き合いを大事にしつつ，楽しみながら勉強しています。

- 和光大学は経済経営学部の教科に留まらず，他の学科の教科まで幅広く学べて，色々な知識を得ることができ，毎日がとても充実しています。

- 大学の特徴は，他学部の科目であっても，ある程度，自由に受講ができることです。また，経済経営学部では2年次からコース選択があるので，自分の学びたいことに集中して学習することができます。

- 和光大学の良い点は，自分のやりたい事をとことんやれる所です。私の場合，サークルはもちろん，遊びから勉強まで，興味のあるもの全てに全力で打ち込んでいます。

- 和光大学の経済経営学部は，とても個性的で愉快な人々の集まりです。皆，将来について真剣に悩んでいます。

杉本昌昭

会議で冗談が減った。
授業で雑談がなくなった。
うれしいような、
さみしいような。

ウィズコロナのいま、
本当に大切なものは何でしょうか。
杉本先生、教えてください。

この「3分大学」は7月に準備をしています。

ロックダウンはまぬがれたものの、第二波の不安のなか、なつかしく思うのは「不要不急」もありだった日々。

日常生活は大きく変わり、私たちはITに頼りました。

まったく新しいオンライン生活で見えてきたこと、それは、けっして飽和せず、高速大容量、無限の宇宙空間にもなぞらえられたインターネットにも限界があったこと。

いままでとは違い、コンパクトなコミュニケーションが私たちに求められるようになりました。

ただ、オンラインのやりとりはどうしてもあっさりしがち。真剣な議論には冗談も欲しい。授業には雑談があってもいい。

たぶん、そんなゆとりが人間関係を滑らかにしていたはず。

ちょうどこの「3分大学」がお披露目されるとき、不安なく、豊かなコミュニケーションができていれば、ありがたいかぎりです。

いままでの、そしてこれからの大切なもの、ともに大事にしていきたいと思います。

経営学科
杉本昌昭

和光3分大学

現代人間学部
表現学部
経済経営学部

小田急線鶴川駅から
徒歩約15分
http://www.wako.ac.jp/

ひとりを光らせる
和光大学

熱気と活気にあふれた
ゼミナールの学びにようこそ

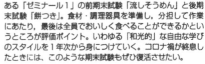

ある「ゼミナール1」の前期末試験「流しそうめん」と後期
末試験「餅つき」。食材・調理器具を準備し，分担して作業
にあたり，最後は全員でおいしく食べることができるかとい
うところが評価ポイント。いわゆる「和光的」な自由な学び
のスタイルを1年次から身につけていく。コロナ禍が終息し
たときには，このような期末試験もぜひ復活させたい。

経営学科・経営メディア学科・経営学科

　本学の開設当初，学部構成は人文学部・経済学部の二学部だった。その後，人文学部は人間関係学部・表現学部に分かれ，経済学部は1989年に経済学科と経営学科の二学科体制となる。経営学科の誕生である。

　経営学科のあゆみを考えるとき，大きな画期となるのは，2004年の学科名称の変更だろう。この年，経営学科は経営メディア学科へと名称を変える。ICT（情報通信技術）の発展と社会への普及が進み，経営現象をとらえるうえで，コンピュータ・システムや情報処理技術に対する理解が重要な要素となってきたことを受けての決断だった。

　経営メディア学科のカリキュラムでは，従来の経営学系および簿記・会計学系という二つの学問領域に加え，ICTにかかわる領域が重要度を増し，三本目の柱として位置づけられることになった。

　この時期に全国の同系統の学部学科でいわゆる情報系の授業が拡充されていったことは承知のとおりである。しかし，経営メディア学科では，PCやオフィス・スイートの操作スキルを修得させることにとどまらず，ディジタル・コンテンツの制作技法や，それをウェブで公開・販売するといった水準にまで踏み込んだ授業を用意したのである。

　授業において，教員が講壇から一方的に講述する様式が好まれず，「学生と教員による自由な研究と学習の共同体」という理念が息づく本学ならではの授業として，動画の撮影や編集といったかたちで学生・教員がディジタル・コンテンツを作り上げる共同作業が生まれた。

ちなみに，個性的なカリキュラムを象徴する経営メディア学科という名称を本学のほかに採用した大学はない。本学を創設した梅根悟の謂いに倣えば，「小さくてもいいからダイヤモンドのような本物の光を放つ」ことが大学の存在意義であり，この点からも，ささやかながらも光を放つ試みだったといえる。

　その後，2013年，経営メディア学科は経営学科へとふたたび名称を変更する。

　9年間の取り組みのなかで，およそすべての講義科目・実習科目において，ICTを基盤とした教育内容が確立したことを受け，学科名称にあえて「メディア」の語を冠することをとりやめるにいたったのである。

　もちろん，従来と同様，経営学系，簿記・会計学系，ICT系の三つの領域が専門科目の中心であることに変わりはなかった。他方で，この頃より，地域連携活動や産学連携活動を通じた学習が全国の経済学部・経営学部・商学部等で重要視されるようになる。

　経営学科では，川崎商工会議所を基盤とする川崎異業種研究会との連携活動が長らく行われており，学生・教員がビジネスの「現場」で実地に学習する機会を頂戴してきた。さらに，各教員も，みずからのフィールドをもつものが多く，「現場」で学び，そのフィールドで学生が鍛えられている。実践的な学習ということでいえば，マーケティングに関心をもつ学生が増えたことも特筆すべき事項である。経営学科では，この頃より，マーケティング分野の授業を充実させている。

　本学では，キャンパスを離れた学びの型式を「現場体験学習」と呼ぶ。地域連携活動や産学連携活動のみならず，経営学科には，「フィールドワーク」という学科専門科目があり，例年，北米，東南アジアなど，多彩な「現場体験学習」が行われている。

　この時期，文部科学省は，「アクティブ・ラーニング」という

語を用い，学生の主体的な学習を推奨し始める。私立大学等経常費補助金の申請にあたり，アクティブ・ラーニング形式の授業がどれくらいあるかといった点が評価項目とされる時代が到来したのである。

「アクティブ・ラーニング」ということばの勝義に照らすならば，「現場体験学習」はまさに「主体的・能動的な学習」である。「教育（Education）」ではなく，「学習（Learning）」を重視してきた本学の伝統にようやく教育行政が追いついてきたのである。授業内容にICTが深く浸透し，経営学科への名称変更が行われた時期は，「現場体験学習」の重要性が再確認される時期でもあった。

❷ 現在のカリキュラムの特徴

2017年度からスタートした経営学科の現在のカリキュラムは，ひとことでいえば，「ゼミナール中心主義」である。1年次から4年次まで，「ゼミナール」を必修としている。

1年次の「ゼミナール1」は学科でクラス分けを行うが，2年次に入室する「ゼミナール2」は，1年次の後期から募集・選考が開始され，ひとりひとりの学生がみずからの興味関心，将来の進路などを踏まえ，応募する演習を選択する。

入室した演習では，2年次から4年次の3年間，同じ教員・仲間とともに研究と学習を進める。したがって，「ゼミナール2」の選択は，学生にとっても，また受け入れる教員にとっても，非常に重要なものとなっている。もちろん，学問的な関心に照らして応募する演習を選択するものが多いが，教員の人柄や演習の雰囲気を重視して選ぶものもいる。同じ経営学系の演習でも，基本書をじっくり講読するところもあれば，「現場体験学習」を重視するところもある。研究・学習の内容と方法は実に多彩である。

「ゼミナール中心主義」は，精緻な体系のもとに，階梯性をもった科目を学年に応じて配当するといったカリキュラムではなく，教員の「個人商店」たる「ゼミナール」が軒を連ね，それぞれが魅力的な品ぞろえを競うという趣向である。

　「伽藍とバザール」（E. S. レイモンド）ということばは，ソフトウェア開発のありようを指す業界のジャーゴンであり，開発にかかわる人々がどのような組織でどのように協働するのかということを表すメタファーである。経営学科では，精密な設計図に基づいて築かれる静謐な「伽藍」ではなく，熱気と活気があふれる「バザール」を選んだ。

　このような取り組みは，学生本位の研究・学習が行われるうえで，開講科目表や履修規程といった静的な制度・仕組みよりも，ひとつひとつの授業を運営する教員の熱意や学生の意欲が何よりも大切だからと考えたからにほかならない。

　現行のカリキュラムについて，また別の観点から説明したい。経営学科では，1年次から4年次の学習目標を下表のように位置づけている。

1年次	大学生としての学習・生活を確立
2年次	多様な領域で専門的な学習を開始
3年次	学内・学外で実践的な学習を展開
4年次	卒業論文の執筆とキャリアの実現

　そして，それぞれの中心となる場が演習なのである。換言すれば，1年次は「学び始める」，2年次は「学び広げる」，3年次は「学び深める」，4年次は「学び続ける」ということになるだろう。

　1年次の「ゼミナール1」では，経営学科の学びの三領域である経営学，簿記・会計学，ICTの基礎を学ぶとともに，実践的なビジネス・スキルの習得を目指す。また，学生同士のグループワークを通じ，コミュニケーション能力を培うことも1年次の目標

「ゼミナール」　　専門

年次		ゼミナール	専門	共通教養

1年次 — 学び始める　大学生としての学習習慣を確立

「ゼミナール1」

初年次教育

「ゼミナール2」選考

学習内容や学習方法だけでなく、教員や先輩の人がらなども考慮して、第一志望の演習を決定、応募。

万が一、第一志望の演習に入室できなかったときには、各自がキャリアプランをふまえて次善の演習を目指す。学修計画を再編成するこのような取り組みは、条件が変化したときに、目標達成の手順を再検討する実践であり、就職活動や就職して以降にもかならず役に立つ。

2年次 — 学び広げる　多様な領域で専門的な学習を開始

「ゼミナール2」

3年次 — 学び深める　学内・学外で実践的な学習を展開

「ゼミナール3」

「ゼミナール2」に引き続き専門的な研究・学習を行う。原典の精読、地域連携活動、資格取得など、目的・方法はさまざま。

就職活動

自己分析に始まり、業界研究、ESのチェック、志望理由の練り直し、模擬面接など、演習の仲間、担当教員、キャリア支援室とともに就職活動に取り組む。就職活動までにたくさんの経験を積んでおくことが重要。家族の理解と支援も大切。

4年次 — 学び続ける　卒業論文の執筆とキャリアの実現

「ゼミナール4」

「卒業論文」（推奨）

同じ教員・仲間とともに3年間を通じた研究・学習

りとなる知識を修得する。必修講義科目は、1年次に「基本経営学」と「入門簿記」、2年次に「経営基本管理」。どのような業種・職種においても通用する標準的な内容を学ぶ。経営学科のさまざまな専門科目へと学習を展開していく手がか

経営学系科目　簿記・会計学系科目　ICT系科目

地域連携・産学連携系科目

「フィールドワーク」

資格取得支援科目　簿記・情報処理・英語

共通教養・外国語・他学部専門

図　経営学科の4年度

のひとつである。「ゼミナール1」で学んだレポートの書き方や文献の調べ方などのアカデミック・スキルは2年次以降にも有用な知的財産となる。

2年次は、経営学、簿記・会計学、ICTの三領域で専門的な学習を開始する。同時に、共通教養科目や他学科の授業を積極的に受講し、みずからのキャリアの実現に向けた幅広い知識を身に付けることも目標である。日本商工会議所や情報処理推進機構などの各種の検定試験や資格試験の合格を目指し、教員の指導のもと、学習を進める学生も少なくない。

3年次は専門的な学習が本格化する学年である。「ゼミナール3」以外にも、上述の「フィールドワーク」などを通じ、さまざまなビジネスの現場を実践的に学んでいく。「インターンシップ」では、就業体験をとおしてみずからのキャリアを具体的に考え始める。3年次には、学問として学んだ知識を実社会でどのように活用していくのか、身をもって確認していくことになる。

多くの学生は、1年次から3年次までのあいだに卒業に必要な単位の大部分を修得している。したがって、4年次には「ゼミナール4」と「卒業論文」を残すのみというものも少なくない。しかし、経営学科の学生は、それでも貪欲にさまざまな授業を受け、幅広い知識を吸収していく。どのような仕事に就くにせよ、学ぶことをやめてしまっては、成長が止まってしまうからである。

❸ 経営学科のこれから

さまざまな仕事が姿を消し、そしてたくさんの仕事が生まれくる現代。大学で学んだ知識は、将来にわたって安定した職を保障するものではない。

M. オズボーンによる失われ行く仕事の推定、C. デイヴィドッ

ソンによる生まれ来る仕事の推計は広く知られている。このような時代だからこそ、経営学科では、在学中に学んだ知識を、卒業後はみずから更新していくことができるビジネスパーソンの育成を目指している。

　演習では、共同研究や共同学習、企業や地域社会との連携活動、ビジネスプラン・コンテストへの出場などによって、卒業後に本当に役に立つ実践力が培われる。ゼミ生同士の深いつながりや学生と教員との濃密な人間関係を通じ、あらゆる仕事の基本となるコミュニケーション能力も高められていくのである。

　AI、IoT、ビッグ・データおよびデータ・サイエンスの重要性はもう何年も前から広く喧伝されている。経営学科では、第四次産業革命が進行する社会経済環境のもと、Society 5.0に対応した学習内容の整備にも力を尽くしてきた。ICT分野の授業では、企業におけるDXのケーススタディ、Pythonを使った機械学習・データ分析などが行われている。さらに、経営学やマーケティングの授業においても、データ・サイエンスの知見が数多く取り入れられていることはいうまでもない。

　そして、2020年のコロナ禍。数多くの人命が失われる痛ましい事態が出来する。

　ここにいたり、経営学科では、学生に求めてきた学習姿勢、そして人間像に誤りはなかったと確信している。昨日までの常識や慣行がその地位を追われる「ニュー・ノーマル」において、人々の安全と安心、そして健康を確保しつつ、経済活動を進めるためには、教科書に書かれている知識だけでなく、みずから考える力が何よりも重要だからである。

　他方で、ディジタル化の進展は「フィルター・バブル」（E. パリサー）という状況も生み出し、人々が相互に分断され、みずからに心地よい言説に依拠することで、政治理念や経済思想におい

て，保守とリベラル，自由と規制，ビジネスと自然環境など，対立がよりいっそう激化している。

　このような時代だからからこそ，みずからと異なる意見をもった人間同士の対話はより重要だろう。経営学科の「ゼミナール中心主義」は演習という場における討議倫理を最大限に重視している。

　ダイバーシティを尊重することで，組織のレジリエンスが高まり，環境変化にしなやかに対応できる —— このように述べると，はやりの美辞をちりばめているように思われるかもしれない。経営学科の学びは，ここまで華やかではなく，実際はもっと地道でひたむきな，ときに学生同士が対立し，学生と教員が緊張関係をもち，しかし同じ「共同体」の構成員としての信頼関係に基づいて議論がなされているのである。

　経営学科では，いわゆる講義科目においても，基礎・標準・展開という三つの段階を重視し，重層的な学習指導が行われている。演習における討議の前提には，確固とした専門的知識が必要だからである。必修講義科目は，１年次に「基本経営学」と「入門簿記」，２年次に「経営基本管理」が用意されている。丁寧な授業運営で学生の理解を促しつつ，基礎が固められる。必修講義科目を通じて，経営学科のさまざまな専門科目へと学習を展開していく手がかりとなる知識を修得することができる。講述内容は，また，どのような業種・職種においても通用する標準的なものである。

　コロナ禍を契機として，社会のディジタル化はさらに加速し，同時にビジネス環境も大きく変わることとなった。経営学科の学生には，演習のなかで人間関係にもまれ，大きく成長し，ビジネスにおいて活躍すること，そしてさらに次の社会変動が生じたとき，みずからのキャリア・パスを再構築し，新たなビジネスを牽引していくことができる人間となってもらいたい。

小林稔ゼミナール（経営情報システム論）
ニューヨークへのフィールドワーク

丸山一彦ゼミナール（マーケティング論）
演習中のほっと一息

大野幸子ゼミナール（マーケティング・コミュニケーション）
授業が終わって

▶

平井宏典ゼミナール（産学連携実践論）
「ラテ1-グランプリ」の運営

◀

小林猛久ゼミナール（ビジネスコミュニケーション）
農業の6次産業化に向けて

近所の
スーパーは、
もはや、
外国だ。

日本の農業や食料の
将来はどうなってゆく？
和智先生、教えてください。

中国、アメリカ、ブラジル、オーストラリア、フィリピン、メキシコ…。世界中で生産された野菜や果物、お肉や乳製品などが私たちの身近なスーパーの店頭に並んでいます。まさに経済のグローバル化がもたらした光景です。こうした光景が「日常」化した理由について考えることも農業経済学という学問の大きな目的の1つです。日本の農業は、いま大きな分岐点にあると言えます。低迷を続ける食料自給率、世界的な自由貿易の潮流、そして農業従事者の減少と高齢化…。暗く思える日本農業の将来ですが、その一方で、農業に新しい価値を見出す人々があらわれていることも事実です。そうした人々と農業をさらに強く結びつける仕組みづくりがこれから重要になってくるでしょう。日本農業の将来は、決して暗いものではないと私は考えています。

経済学科
和智達也

和光3分大学

「現場」は重要な教材

BBQアドバイザー資格の取得

（い とう たか はる）
伊藤隆治 教授

研究分野：エンターテインメント経済
　　　　　学，環境芸術
担当科目：エンターテインメントと地
　　　　　域社会
最終学校：東京造形大学造形学部デザ
　　　　　イン学科卒業
学　　位：学士（造形）

メッセージ
経験は自信に繋がります。多くの経
験を積めば，大きな自信を得ること
ができます。「現場」はあなたを成
長させる重要な教材です。和光大学
で多くの経験を積んで欲しい。

1 はじめに

教室で学び、学外で実践し、体験した事を確認する。フィールドワーク等の学外授業は確かな成果が得られる重要な授業と言える。「百聞は一見にしかず」というように実際に自分の目で見ることの意味はとても大きい。

「百見は一考にしかず・百考は一行にしかず・百行は一果にしかず」

日本のことわざ「百聞は一見にしかず」の元は中国漢詩からなり、後に続く部分がこのようにある。私の研究室（ゼミナール）では「百行は一果にしかず」のように、体験した事から成果、結果を見出す事に意味を持たせている。

成果、結果の形は様々だが、自身が関わった体験からどのような結果をもたらすか、今後の人生にどう生かせるかなど、自分自身の発見の場として環境を提供している。提供した環境から学生は何を学び取るか？同じ環境でもそれぞれだろう。その為、ゼミナール内で情報を共有し確認し合う事も重要となる。伊藤隆治ゼミナールおよび研究室ではこのような流れを様々な学外活動に当てはめている。

2 ゼミ必修の資格取得を就職活動に活かす 「バーベキュー資格」

伊藤ゼミナールでは一般社団法人日本バーベキュー連盟の協力により、「BBQアドバイザー資格」の取得を必修課題とさせている。一般的にイメージするバーベキューとは河原で火を起こし、網で肉を焼くこと。気づくと肉は焦げ、野菜は真っ黒な炭になっていることが多い。真っ黒に焦げた網は誰かが水場で一人寂しく

BBQ講習会の様子

タワシで洗う。このような光景が目に浮かぶ。

バーベキューの歴史は，15世紀末のアメリカまでさかのぼる。先住民が塊肉を長時間焼き保存食として調理していた技法を移民が飼育の為に連れてきた豚肉を調理し現在のバーベキュー技法に確立していった。またカウボーイは牛の大群を遠距離移動させる為，幌馬車の後ろにはバーベキューコンロが積まれ，移動した土地で調達した肉を調理などした。カウボーイのバーベキューでは焼いた肉の網は水では洗わない。熱のあるうちに金タワシで擦り磨く。これは貴重な水を無駄にせず，さらに環境に配慮した知恵なのである。

（一社）日本バーベキュー連盟の資格では，調理法だけではなく，食品の取り扱いを含む衛生管理，火の取り扱い，道具の扱い方，後片付け，自然環境への配慮，料理の盛り付け方，おもてなし方などを座学による講習，食材・道具を使った実習を経て修了した後に，筆記試験が行われる。一般的な河原で行うバーベキュー，水場で焦げた網を洗う行為とは違い，この講座では自然環境への向き合い方も含めて総合的に学ぶ。

インターンシップへのエントリーシート，就職活動の履歴書の資格欄にはこの資格を記載することを義務付けている。面接の際，多くがこの部分に興味を持ち質問する。多くの人が笑いながらこの資格のことを聞くだろう。その時にはしっかりとした口調で上記に説明したこの資格の意味を語らせる。「この資格の意味は，決して美味しい肉の焼き方をマスターするのではなく，バーベキューを通してコミュニケーション能力を身につけ，総合的に学ぶことで，相手を思う気持ちを養い，おもてなしを身につけられるのです。社会に求められる人材とはこういう所にあると考えます」と。笑いながら質問した面接官は誰もが納得をする。これは伊藤ゼミナール独自の社会人基礎力を養う教育手法である。

❸ 地域と関わり地域活性のお祭りをつくる

千葉県市原市に和光大学セミナーハウスがある。その近くの町「上総牛久」では平成5年より商店会主催で商店街を活性化させる夜祭りを毎年開催している。少子高齢化の影響からお祭り自体が低迷化の道をたどり始めた。私自身が光を素材とした作品制作をしている事からこの夜祭りの再計画に関わる事となった。地域に根ざすお祭りのストーリー素材として，自然豊かな土地，人工的に作られたダム湖などを舞台に「上総牛久ひかり大蛇新伝説」を書き

地域振興へ協力

下ろした。これは新たな伝説として地域が一体となれるものとして提供した。子供達には「地域心」を養うプロジェクトとして位置付けた。地域では，「新しく作られた伝統祭り」として，今のこの時から始まるこの地の伝統作りとした。この地域と伊藤研究室の地域連携事業として始まった。

　この祭りのメインプログラム「ひかり大蛇行列」は，和光大学和太鼓サークルが先導し，その後ろを全長約30mの「ひかり大蛇」が続く。「ひかり大蛇」の頭部は大蛇獅子舞をまとい和光大生が演じる。胴体部は70人の地元キッズ達が列をなし全長30mの大蛇が会場となる商店街通りを練り歩く。他に，ひかり大蛇太鼓，ひかり大蛇神楽，巨大スクリーンを建物に投影するなど，会場となる商店街にひかり大蛇の行灯や提灯など，会場を演出するなど伝統祭りの形が完成した。伊藤研究室では新しい地域活性のあり方を地域と共に作り上げる事ができた。これは今も毎年行われている。

 4　クラシックカーラリー運営

　一般財団法人ラリーニッポンが主催するクラシックカーラリー「ラリーニッポン」「ラリートーキョーヨコハマ」は日本を代表するクラシックカーラリーに位置付けられる。「ラリーニッポン」は4日間行われ「ラリートーキョーヨコハマ」は2日間行われる。戦前から1970年までに製造された自動車に参加資格を持ち，約80台のクラシックカーが参加する自動車ラリー競技イベントである。

　ラリー競技の一面を持ちながらも日本の世界遺産・文化遺産を巡る為，国内では唯一観光庁からの支援を受けて実施されている。その為，海外からも高い評価を得ている。

Classic Japan Rally 2019

　この大会では「教育
支援」を掲げており，
東京大学，関東工業自
動車大学校，和光大学
の学生が運営スタッフ
として大会を支えてい
る。大学ごとに役割を
持ち，業務を行ってい
る。和光大学伊藤研究
室では競技の計測と参

Classic Japan Rally の運営

大会会場の様子

加車両の誘導を担当する。

　様々な業務が行われるなか，担当する一部分（計測）のみを見ていては大会参加者からの様々な対応には答えることはできない。想定外のことが起きても対処できるよう大会マニュアルを全て把握し，会期中に起こり得る人員不足等によるトラブルを迅速に対応しサポートへ回れるような自己能力も必要となる。「今何が起きているか？」「何をしなければならないのか？」

　大会を円滑に動かすには裏方の支えが何よりも重要になるわけだ。その為にも状況判断の能力が重要になる。指示を待っているだけではいけない。

　伊藤研究室では，この大会を通して判断力，行動力，協調性等を養うことを目的としている。参加者から喜ばれるイベントとして成功させるには，いかに裏方のサポートが重要であるか，学生達は大会終了後に実感している。自らの行動が成功の鍵となるわけである。

　2017年よりJAL Classic Japan Rallyへのサポート依頼を受け新しくスタートした。このイベントは先のラリーニッポンでの学生との取り組みを見て，社会人が学生から学ぶこと，社会人が学生へ伝えることを活動趣旨に取り入れたいという主催者側の計らいから始まった。

このように学外での積極的な活動が社会からも注目され，社会が学生を応援する姿勢も見えてきた。このイベントでは学生と関わりを持てることを毎回楽しみにしているようだ。

⑤ 贅沢な時間を提供するJAZZライブ

　和光大学のネーミングライツによる町田市複合型文化施設「和光大学ポプリホール鶴川」では，伊藤ゼミナールの企画で年3回定期的にJAZZライブハウスを無料で開催している。
　企画の目的は，鶴川・町田の地域を対象にジャズをより身近なものとして気軽に楽しんでもらうことである。ポプリホール1階

Jazzライブの運営

のカフェ（約90席）をこの時だけ約120席のライブハウスに模様替えし営業を行う。演奏は町田を拠点に活動をするジャズバンドMJQ（Machida Jazoo Quintet）だ。この企画は伊藤ゼミナールとカフェマーケット，MJQの地域連携で行っている。ステージ背面には巨大スクリーンを設置し，町田市在住，神奈川県在住の写真愛好家の作品を投影した演出を行っている。写真作品とジャズ演奏のコラボレーションライブとしてここでも地域連携を実現させている。

伊藤ゼミでは企画の他に，会場の音響，照明，演出，会場レイアウト，受付，アンケート調査などを担当する。

⑥ FMラジオ番組

2015年春より，毎月第二木曜日夕方，かわさきFM（79.1Mhz）にてラジオ番組「集まれ！和光大学！サンライズ！」の生放送を行っている。和光生が学生目線で大学や地域の情報を発信する番組である。

FMラジオ番組の運営

伊藤研究室から発足したラジオ部は，プロのアナウンサーを審査員に招きオーディション形式でパーソナリティーと台本制作のメンバーを和光大学生の中から募集をする。学生の手作りによる番組である。放送は決められた時間の中で正確に情報を発信しなければな

らない。

　まさにプレゼンテーションなどで必要となる「伝える力」を養う場なのだ。今の学生に不足している「表現力」もここでは重要だ。ラジオ番組を経験することにより「発表の場・経験の場・成長の場」となる事を目指している。

　ゲストを招き，取材へもいく。ゲストを招く際は，事前にゲストの情報を調べ確認する必要がある。目で見て実際に関わり調査する取材も重要だ。

 ## おわりに

　学生時代に様々な経験をし，取り組んだことを自身の実績として自信に繋げ社会に飛び立って欲しいと願っている。決して型にははまってほしくない。社会が求める人材になってほしい。

　伊藤研究室・ゼミナールの「現場」は重要な教材である。これからも学生へ誰もが真似できない最高の環境を提供していきたい。

熱帯雨林の島で社会の多様性を体感する

ボルネオ島にて　ホストファミリーと共に

加藤　巌 教授
（かとう）　（いわお）

研究分野：開発経済学，経済政策，発
　　　　　展途上国の少子高齢化
担当科目：国際経済学，海外投資論，
　　　　　世界の不平等問題
最終学校：法政大学大学院政策創造研
　　　　　究科博士課程満期退学
学　　位：修士（経済学）福岡大学

メッセージ
和光の学びは自由闊達。知的な面白
い冒険が待っています。

1 はじめに

経済学科の加藤巌ゼミナールでは開発経済学を学んでいる。ゼミの新3年生たちは、4月からテキストを輪読しながら、本のまとめや発表の仕方、議論の進め方を学ぶ。9月以降は、近隣小学校での国際理解教育に従事するなど学外活動にも励む。そして、毎年2月から3月にかけての2週間、マレーシアのボルネオ島でフィールドワーク（調査研修旅行）を実施している。

本稿では、ボルネオ島でのゼミ生たちの様子を紹介する。本ゼミが大切にしている「歩く」「見る」「聞く」の実践を体感していただければ幸いである。

2 ボルネオ島とは

ボルネオ島は多くの学びの機会を与えてくれる。2004年からゼミ生たちと通い始めたのだが、興味尽きない島である。

実は、ボルネオは世界で3番目に大きな島だ。熱帯雨林に覆われ、その森には多様な動植物が暮らしている。オランウータンやテングザル、ボルネオゾウ、世界最小の熊であるボルネオ熊の生息地として、また、世界最大の花であるラフレシア、昆虫を食べてしまう食虫植物のウツボカズラがあることでも有名だ。さらに、多くの少数民族を含む多様な人種が暮らしている。何世紀にもわたり、言語や宗教、生活習慣の異なる人々が共生している。

この自然と文化の豊かな島と日本との関係は意外に古い。16世紀には南蛮貿易の中継拠点となり、江戸時代初期まで日本人町もあった。そして、太平洋戦争中には日本軍がボルネオ島を支配下に置いた。日本軍のねらいの一つは島で取れる石油であった。

戦後は，ボルネオ島から大量の木材が日本へ輸出され始めた。

　いま，同島は天然ガスとパームオイル（油ヤシ）の供給地として日本人の暮らしには欠かせない。とくに，パームオイルはインスタントラーメンやチョコレート，ポテトチップス，はたまた石鹸や食器用洗剤の原料として利用されている。

　図らずもボルネオ島の紹介が長くなってしまった。要は，昔から日本との繋がりがあり，いまも様々な形で私たちの暮らしと関係を持つボルネオ島で，ゼミ生たちは開発経済学の何たるかを実地に学んでいる。一例をあげれば，油ヤシのプランテーションを見て発展途上国の生産現場と日本人の食卓との繋がりを考える。また，多民族が協調しながら暮らす様子を見て，国際社会のあり方を考える。そして，

油ヤシの実は大きくて重い

現地の貧富の格差の実態を見て愕然とする。

　若い世代は体験から多くのことを感じ取る。恐らく，ゼミ生たちは開発経済学の範疇を越えて，人生観を揺さぶられるような体験を重ねてきたと思う。

❸　ジャングルでNPOのお手伝い

　ボルネオ島では国際機関，例えば，世界自然保護基金（WWF）や日本の国際協力機構（JICA），そして内外の民間団体が様々な援助活動をしている。彼らは自然環境や動植物の保護，そのため

の教育や研究，さらには貧困家庭の援助，保健衛生の向上といった幅広い分野で尽力している。

　加藤ゼミでは，その幾つかを訪ねている。中でも印象に残るのは，辺境地で障がい児の施設を運営している国際援助団体である。これまで長年ゼミ生と共に訪問してきた。同法人を運営するご夫妻は日本人である。お二人は地元の人々と共に暮らし，その協力を得ながら長期にわたり活動を続けてこられた。

　ある日，熱帯雨林の森に囲まれたご夫妻の自宅を訪れた私たちは，ジャングルの外れにある小高い丘に連れていかれた。ご夫妻は「ここに障がい児の集う施設を新しく建てる」と私たちへ告げた。率直に言って，熱帯雨林の木々が鬱蒼と生い茂るその場所に，何かが出来るとは信じがたいことだった。

　それでも，建設作業は始まった。森に住む人々，都会の人，そして，日本人ボランティアらも集まって，文字通り，人々の手で施設の建設は少しづつ積み重ねられた。毎年，建設現場を訪れると，何か新しいものが作られていた。ゼミ生たちも協力した。そこでは，障がいを持った児童らも一緒に働いた。

　正直なところ，赤道直下に近い灼熱の場所で，ただひたすら手作業でコンクリートと砂利を水で練って，それを一輪車で運ぶといった作業はハードな仕事である。皆がへとへとになる。それでも，年齢や性別，出身地に関らず，健常者もそうでなくても，貧富の差も関係なく，色々な人々と共に汗水たらし，時に笑い，時に涙しながら働いた。こうした体験は彼らの心を揺さぶったのだろう。この場所を再訪したいとして，複数回訪れたゼミ生たちもいる。

　いま，施設は出来上がり，障がい児たちの学びの場となっている。

蛇を食べながら文化の相対性を考える

　ある日の午前中，学生たちが障がい児施設の建設作業を終えてジャングルの村（宿泊先）に戻ると，村の人たちが屋外の作業場で昼食の用意をしていた。村の若者の一人が「ランチタイム！」と大声を張り上げ，私たちにもおいでおいでと手を振っている。彼に近づくと，隣に立つ男性の肩を指さしながら，再び「ランチタイム！」と言いながら，にこやかに私たちへ笑いかけた。隣の男性の体には，大きな蛇が巻き付けられていた。その肩には蛇の頭がのっていた。しかも２メートルを超える蛇はまだ生きており，その目は私たちを捉えていた。

　えっ，これを食べるの？とジェスチャーで尋ねると，バーベキュー用の網を指さしながら「焼いて食べる」と身振りで伝えられ

首に巻いた蛇

た。驚きながら様子を見ていると，作業台の上で素早く蛇の頭と尻尾を押さえつけると，「ランチタイム！」の若者が鉈でたちまち蛇をブツ切りにしてしまった。切られても，蛇はしばらくのたうち回り・・・と話は続くが，簡潔にまとめてしまうと，ブツ切り肉を軽く焙り，一度バーベキュー網から引き揚げ，皮を剥いだ後，どんぶりに入れた辛い汁に漬けてから，再びバーベキューした。恐る恐る食べ

たところ，淡白な味わいで悪くない。例えてみると，鳥のささ身に近いものだった。

　ここでお断りしておきたいのだが，大蛇を食べたビックリ話が本稿の主題ではない。話の本筋はここからである。

　ゼミ生たちが「蛇肉も意外にイケるね」などと言い合っていると，村の若者たちが話しかけてきた。日本人は魚を生で食べるというが本当なのか？という質問だった。寿司のことか？と聞き返すと，「そうだそうだ，寿司だ」と言っている。そこで，学生たちは，寿司の説明として「生きのいい魚を薄くスライスして，小さなライスの塊の上にのせ，それをしょう油につけて食べるんだ。美味しいよ」などと答えた。

　すると，村の若者たちが互いに顔をしかめながら何かを話している。一体どういうこと？と尋ねると，たまたま近くにあった魚を指差しながら，「これを生で食べるなんて気持ち悪すぎだよ」と返答されてしまった。今度はゼミ生たちが意外な展開にうろたえながら，「おいおい，蛇を食べてる方がキモイよな。どうやって寿司が美味しいと伝えればいいんだよ‥‥」と話し合うことになった。

　双方の話というか，理解は噛み合わない。ここでゼミ生たちも気が付いたようだ。文化とは絶対的な存在ではなく，あくまでも相対的なものである。自らの習慣や文化が絶対正しいなどと誰も言えない。違いがあって当たり前である。ジャングルで蛇を食べると聞くと「なんて野蛮な」と思う人が大半だろう。しかし，立場を変えると「魚を生で食べる」なんてキモくて信じられない行為ということになる。どちらが良いとか悪いとか，単純な割り切りなんてできない。こうしてボルネオ体験は，肌感覚で価値感の多様性を教えてくれる。

⑤ 中学校で日本文化の紹介

　ジャングルから田舎町へ戻ると，ゼミ生たちは地元中学校で日本文化紹介の授業を行った。ここ数年，地元中学生向けに実施している行事だ。名称をスクールキャラバンとしている。

　スクールキャラバンは，そもそもは在マレーシア日本大使館が地元の子どもたちを対象にした日本紹介事業として始めたものだ。縁あって，現在は和光大学の学生グループがその名称を引き継いでいる。地元中学校からは，格好の国際理解教育として好評を博している。

　さて，特別授業の日は 8 ：20ごろ，中学校へ到着した。校長先生はじめ大勢の教職員，PTA理事らが出迎えてくれた。まず，

海の民バジャウの民族舞踊を披露する中学生

数十人の中学生たちが、歓迎の音楽、そして、民族舞踊を披露してくれた。大変な歓迎ぶりにゼミ生たちは度肝を抜かれたようだ。

　歓迎の踊りの一つは、海上で暮らすことで知られる海の民バジャウ族の民族舞踊をアレンジしたものだった。この町はバジャウ族の居住地の一つだ。きらびやかなバジャウ族の民族衣装には特徴がある。女性の頭にのった冠が船を形どったものになっている。小柄な女子生徒たちが美しく化粧を施し、指先に長いつけ爪を光らせながら踊る様は神秘的にも感じる。

　歓迎式典が終わると、朝食会場に招かれた。様々な民族の料理が並んでいる。とくに、バナナの天ぷら（ピサンゴレン）やカレーを薄い小麦粉の皮で包

日本文化紹介を堪能した中学生らと記念写真

んだ（ロティ・ジャラ）が美味だった。マレーシアの「まず、客人を食事でもてなす」という習慣は素敵だ。

　9：30ごろ、主会場に入ると、50名ほどの中学生たちが待っていた。全員が期待で目をキラキラさせながら、ゼミ生たちを見つめている。歓迎と答礼の言葉が交わされた後、ゼミ長によるスピーチが行われた。見事なスピーチで事前に頑張って準備してきた様子が伺える。

　スクールキャラバン本番が始まった。和紙を通じた日本の職人

技の紹介，日本舞踊，浴衣の着付け，俳句の紹介，お点前の披露，和太鼓と踊りなどを皮切りに，沖縄の紹介，妖怪を通じた日本社会の解説，都市や食文化，福笑い，アニメの紹介が行われ，日本に関するクイズショーで締めくくった。これ以外にもブレイクダンスなども披露され，大いに盛り上がった。

　ゼミたちにとっては，ものすごい緊張感だったと思う。恐らく，足が震え，心臓の鼓動が耳元でしていたのではないかと思う。そんな中，彼らはベストを尽くした。その成果は素晴らしい。受講した中学生たちが誰一人として倦むことなく，ゼミ生たちのパフォーマンスに魅せられていた。私の隣に座った校長先生もしきりに感心していた。

　当初50名ほどの中学生の数は（学校の休憩時間になると）次第に増え，会場の窓には鈴なりに可愛らしい小柄な顔が並んでいた。どうやら，受講できなかった中学2年生たちが休み時間を利用してやって来たようだ。教室の後ろにも大量の立ち見がいた。受講者が一番多い時間帯には，その数は150名を超えていただろう。

　大勢のマレーシア人中学生の前で，（英語で）日本文化紹介を見事に行った学生たちは大きな自信を得たようだ。意欲も湧いたようだ。夕食会場に向かう車中では，興奮冷めやらぬ様子だった。「もっと英語の勉強をしよう」と話し合い，互いに英語で会話をするなど，ちょっと驚くほどの意識の高まりを見せていた。こうしてゼミ生たちは，この日得た自信と意欲をもって社会へ巣立っていく。

 6 15歳のお母さんと出会う

　フィールドワークでは毎回，貧困層の子どもたちが暮らす場所を訪れる。

保護養育施設にて

　ある時，スラム街で赤ん坊を抱えた少女と出会った。ゼミ生があなたの妹なの？と尋ねたところ，いいえ，私の娘よとの返答が来た。その少女は15歳という。スラムで生まれた少女が子どもを産む。この幼い母親に赤ん坊と暮らす場所に案内してもらった。そこは酷い掘立小屋だった。壁の大部分もない。内と外の区別もつかない状態だ。こうした過酷な現実を見て，ゼミ生たちは言葉を失う。そして，はじめて開発経済学を真剣に学びたいと感じるようだ。ボルネオ島での活動を終えると，皆の学習意欲が増す。そして，進路や生き方を考え始める。

⑦　おわりに

　これからも，ゼミ生たちはボルネオ島をフィールドにして多様な学びを重ねていく。将来，彼らにどんな驚きが待ち受けているのか。人生観を揺り動かすものであることを願っている。

参考文献

澁谷利雄・加藤巌編『アジアから学ぶ "よい" 暮らし， "よい" 人生』
　　八月書館，2016年。

ゼミナール（公共政策）は研究と研究指導の場

政策提案

車中泊　安全
地域力
市民力

プレゼン資料作成指導の様子

いな　だ　けい　すけ
稲田圭祐　准教授

研究分野：公共政策論，公会計
担当科目：公共政策A／Bなど
最終学校：明治大学大学院政治経済学
　　　　　研究科博士後期課程修了
学　　位：博士（経済学）明治大学

メッセージ
学生の皆さんには，「自分は研究者
である」という意識をもって，授業
に臨んでほしいと思っています。

① はじめに

本節では，担当授業の「公共政策」や「ゼミナール（公共政策）」等について紹介する。

② 公共政策について

公共政策とは，公共問題に対処するために政府（国や地方自治体）が行う解決策を意味する。

公共政策は，「問題認識（問題の発見）」→「政策立案（解決方法の策定）」→「政策正当化（政策の選別や法律の制定）」→「政策執行（予算編成を経た実施）」という過程を経る（図1参照）。

図1：公共政策の形成過程

出所：著者作成

公共政策を実施する上で，まず大切なことは，何か問題を発見した際に，その問題が「公共問題」であるか否かの判断である。税金を使って解決すべき問題か否かの判断，ということにもなる。

民主主義国家において，その判断は国民に委ねられるわけだが，国民の価値観は一様ではない。そこで，価値観の調整が政治過程を通して行われる。

加えて，「政策立案」から「政策執行」までの間には，いくつもの政治的合意（忖度という意味ではなく民主主義的合意）が必要になる。このように考えると，公共政策は，「政治過程の産物」

以外のなにものでもないと言えよう。このため，公共政策を研究する上で，政治過程（政治学）からの考察は，なくてはならないものといえる。

　しかし，政治学の知識だけで，有効な解決策を策定できるというわけではない。政策の有効性（公共の福祉をどれほど増進させることができるのか）に関する科学的知見や実証的データ，既存の制度との関係において問題は生じないか，実施主体としての行政機関は国がよいのか，地方がよいのかといった制度的検証が重要になる。

　つまり，公共政策には多くのアプローチが存在するため，有効な解決策を考えるには，政治学の他に，経済学，経営学，行政学，法学などの知識を複合的に検討していくことが必須となる（図2参照）。

　私が担当する経済学科専門科目「公共政策」では，「政策執行」に至る政治過程を解説するが，各論である政策分析については，

図2：公共政策への複合的アプローチ

出所：著者作成

講義の様子

経済学からのアプローチを用いて詳解している。経済学からのアプローチとは，政策の実施や変更による家計や企業行動への影響，統計データによる費用対効果の推測，財源確保の違いによる国民負担の変化などを考察することである。このため，講義内で経済学の基礎的知識を確認する時間も設けている。

　私見だが，経済学からのアプローチを欠く公共政策の論議は，いわゆる「ムダ」とされる政策を導く可能性が高いと思われる。

３ ゼミナールについて

　「公共政策」という授業が，講義形式（座って教員の話しを聞く）であるのに対して，「ゼミナール（公共政策）」は，「演習」（学習内容を体験的に学ぶ）という科目に分類される授業である。

一般的に,「ゼミナール」という授業が, 学生が自らの問題意識に基づき, 自ら調査し, 調査結果を教員や他の学生の前で発表する形式で進められるのも「演習」という科目の特性上, 能動的学習方法が求められるからである。

　ただし,「ゼミナール」という授業について, 和光大学の初代学長である梅根悟は著書『小さな実験大学』の中で「研究者である学生が, みずから研究し, 教師がそれを援助し指導する, 研究と研究指導の場」という説明に加えて,「それは学習の手段ではなく研究そのものである。"ゼミナール的方法"ではない」と主張する。

　すなわち,「演習」という効果的な学習方法の実践だけではなく,「ゼミナール」という授業が学生の「研究の場」そのものにならなくてはならない, ということであろう。

　私が担当する「ゼミナール（公共政策）」においても, 学生個々の問題意識に基づいて研究テーマを決定し, 自分達で調査・分析し, 自らが考えた政策を発表するという形式を採ってはいるが,「ゼミナール」という学習方法の実践だけを目的とせず,「自分は研究者である」ということを学生に常に意識させるような指導を心がけている。

 公共政策フォーラムへの参加

　2017年には, 学生の研究発表の場として, 公共政策学会が主催する「公共政策フォーラム」に参加した。

　「公共政策フォーラム」とは, 多くの大学のゼミナールが参加する政策コンペティションである。毎年全国の地方自治体の中からモデル自治体を選び, 地方活性化策の提案を競う大会となっている。

学生によるプレゼンの様子

　この年は，熊本市において「市民力・地域力を生かした災害に強いまちづくり」というテーマで開催され，約40チーム（各大学のゼミナール）が参加し，優秀政策を競い合った。

　和光大学ゼミナール（公共政策）のチームは，残念ながら上位入賞に至らなかったが，学生達にとって，「自分は研究者である」という自覚を促す良い機会になったのではないかと考えている。

⑤　おわりに

　多くの方々，とくにこれから社会を担う若い人たちが，公共政策について関心を持ち，学んでくれることを切に願っている。本節がその一助になれば大変嬉しく思う。

　なお，本節は「和光学園報」に掲載された文章へ加筆修正を加えたものである。文章の利用をご快諾いただいた和光学園本部に感謝を申し上げる。

ロンドン郊外ハイゲート墓地にあるマルクスの墓と筆者

ひ だい たけ お
日臺健雄 准教授

研究分野：ソ連経済史，現代ロシア経済
担当科目：現代経済史，グローバル化の
　　　　　経済史，キャッチアップの経
　　　　　済史など
最終学校：東京大学大学院経済学研究科
　　　　　博士課程単位取得退学
学　　位：修士（経済学）東京大学

メッセージ
和光大学は「自由な研究と学習の共
同体」です。研究と教育をともに充
実させるべく努力しております。

必修科目ゆえの制約

　私の専門はソ連経済史（特にスターリン統治期の農民史）と現代
ロシア政治経済だが，本学で主に担当している授業は，経済学科
2年次の必修科目である「現代経済史」となっている（このほか，
「グローバル化の経済史」「キャッチアップの経済史」「外国史概説」
「キャリア研究」なども担当している）。この授業は必修ということ
もあり，「経済史」に対する関心が必ずしも強くない学生も受講
することになる。受講する意欲に差があるなかで，約200名の受
講者を相手にどのような授業をおこなえば学修効果が上げること
になるのか，経済学科の必修科目ゆえに大教室での講義という形
態をとらざるを得ないという制約の中で，教育手法の改善に日々
試行錯誤している。以下，オンライン化される前の授業の方法に
ついてまず述べていく。

 アジア間貿易と朝貢貿易

　授業では，毎回，受講生に感想や疑問・質問をレスポンスシー
トに書いてもらい，それを翌週の授業の冒頭で紹介しつつ質問へ
の回答やコメントを加えているが，受講生のコメントを読むと，
本学学生のポテンシャルの高さに驚かされることがしばしばある。
一例として，ここ四半世紀の間に研究が進んだ「アジア間貿易」
を授業で取り上げた際の学生のコメントについて紹介してみる。
　この「アジア間貿易」に関する研究動向をみると，欧米帝国主
義列強がアジアに進出し植民地化をしていく過程で，アジアが一
方的に従属する形で世界市場に組み込まれたという議論を相対化
し，アジア内部相互での貿易も活発かつ自律的におこなわれたと

いう点が着目されている。たとえば，1883年から1913年までの30年間におけるアジア（東アジア・インド）域内相互での貿易額の年平均成長率は約5.5％であったが，この成長率は，アジアと欧米との間の貿易額の年平均成長率である約4％を大きく上回っていた。一方，同時代のラテンアメリカやアフリカでは，欧米の進出と世界市場への編入によって域内相互の貿易は衰退していくという対照的な動きをみせている。授業でこれらの事象について触れたところ，次のようなコメントがレスポンスシートに書かれてきた。

　「中南米やアフリカの相互貿易が進まなかったのは，奴隷の存在が原因かなと感じた。」

　「アジア間の相互貿易は強化されていったが，同じく植民地化されたアフリカや中南米では相互貿易は強化されなかった。この違いは中国を中心とした朝貢貿易の存在の有無とも関係があるのだろうか。」

　授業では，アジアとラテンアメリカ・アフリカとの相違の要因について特に問いかけることはなく，単に両者の違いに触れただけだったが，奴隷制の有無や朝貢貿易（中華帝国を中心とする貿易秩序）の有無が両者の差をもたらしたという比較の視点を投げかけるコメントが出てきたことに，驚きとともに嬉しさも覚えた。朝貢貿易については授業で簡単に触れてはいたものの，その知識とアジア間貿易の発展とを結びつけて比較の材料にする受講生の視点は，単に授業の内容を受動的に理解する「学習」の段階を超えて，授業の内容を咀嚼した上で独自の視点をもって歴史を分析するという「研究」的な要素をもったものだといえる。

　ちなみに，アジア間貿易の発展において朝貢貿易が果たした重要性は濱下武志氏の研究によって示されており，上記の学生のコメントは研究動向とも一致する内容となっている。

③ 資本主義と奴隷制の共通点

　さて，「現代経済史」の授業では，経済史を理解するための理論的ツールの一つとして，大塚史学や世界システム論などと並んで，宇野理論を紹介している。この理論について簡単に説明すると，戦前は東北大学，戦後は東京大学や法政大学で経済学を講じた宇野弘蔵が，マルクスの著作を批判的に参照しつつ，資本主義の構造と運動を解明すべく形成した理論である。

　宇野弘蔵がマルクス『資本論』の核心として位置づけたのが，資本主義によって「労働力の商品化」がもたらされたという点である（たとえば，時給千円のアルバイトに一時間従事するということは，人間の活動のうち一時間を雇用する者に商品として切り売りして，千円という賃金と引き換えにその一時間のあいだ労働者は主体的な自由を失い，雇用する者すなわち資本家の自由とすることに他ならない）。宇野によれば，資本主義は，そもそも人間という存在の活動の一部を商品にするという「無理」を内包している。そして，宇野は，この「労働力商品化の無理」という視角から，人間という存在ゆえの供給の限界に焦点をあて，景気循環の理論を構築した。すなわち，好況期には労働力の需要が高まる一方で労働力の供給が不足し（人間の数すなわち人口を資本が自由に増減することはできない），その結果，労働者の賃金が高騰して利潤が低下し，やがて恐慌が発生するという景気循環の理論的モデルが形成されている。

　授業ではこの「労働力の商品化」に関する議論を簡単に紹介していたところ，大航海時代を経て形成された大西洋の三角貿易において，アフリカ大陸西岸から中南米に奴隷が「輸出」されたことに授業で触れた際，次のような受講生のコメントがあった。

　「奴隷制度は現在禁止されているが，人を雇うことの根底には

奴隷制と少し共通する点があるように感じた。」

　奴隷制の下では，奴隷とされた人間の活動の一挙手一投足に至るまで「所有者」の自由となり，人間の存在自体が売買の対象となって「商品」化される一方で，資本主義の下では，雇用された人間（＝労働者）の活動の一部が「商品」化されている。奴隷と労働者との間では，人間の活動が（全体か一部かという違いはあるものの）商品化されているという点で共通の要素があるという認識が，このコメントで（「商品化」という用語を用いない形ではあるものの）示されているといえる。

 結　語

　ここまで「現代経済史」の授業における教育実践を紹介してきたが，この授業では，歴史的な経済事象を単に個別具体的に教えるだけではなく，研究動向や経済理論と関連づけて理解することができるように，ひいては多くの知的刺激をもたらすことができるように心がけている。

　2020年度の本学の授業は新型コロナウィルス感染予防の観点からオンライン化されたが，「現代経済史」の授業では，試行錯誤を経たのち，授業動画をYouTube経由で配信するとともに，授業の内容にかんする課題にGoogle Formsで回答してもらう形式とした。動画は，Keynoteで作成したスライドをケーブルでMacに接続したiPadで再生しながら，Mac側のZoomで画面共有しつつ録画し，iMovieで編集した。録画の際には，口頭で説明をしながらApple PencilでiPadの画面上のスライドにアンダーラインを引いたり解説を書き込むなど，授業のライブ感を再現する試みもおこなった。受講生の知的好奇心を引き出すために，今後もさまざまな取り組みをおこなう所存である。

国際学会での発表（カナダ・マニトバ大学）

拙稿が掲載されている書籍の表紙

和光大学での授業と研究を顧みて

カリフォルニアの森林地帯にて（2004年）

わ　ち　たつ　や
和智達也 教授

研究分野：農林業政策論
担当科目：現代農業経済論，農林業再
　　　　　生論，アジアの農林業問題，
　　　　　欧米の農林業問題
最終学校：鳥取大学大学院連合農学研
　　　　　究科博士課程修了
学　　位：博士（農学）鳥取大学

メッセージ
小さくても，多様さと親密さと知的
な刺激に溢れた学びの空間，それが
和光大学です。

66

① はじめに

　1998年に私が本学に着任した当時担当していた専門科目は「農業政策論」だったが，現在は「農林業再生論」，「現代農業経済論」，「アジアの農林業問題」，「欧米の農林業問題」といった科目を担当している。これらの授業はすべてが必修ではなく選択専門科目として配置されており，しかも近年の学生の就職事情の影響もあってか，毎回出席する学生は僅かなため，本来ならば教科書を指定し，体系的な授業づくりを心がけるべきだが，それ自体が難しいのが現状だ。そのためこれから自分が述べることは，何か一定の水準に到達できたなどと誇れるような内容のものではなく，逆にこれまでの自分にできていないこと，自分の指導に足りないこと等々にならざるを得ないことを予めお断りしておく。

② 「アジアの農林業問題」および「欧米の農林業問題」について

　ここで取り上げる2つの授業は農林業の世界的な動向と，それがわが国に与える影響等について講義するものである。

（1）テキスト・参考資料について

　テキストは指定せず，一次資料として新聞記事と高校の教科書（地理Bや世界史A）を用いて，更にはそれを補足する資料を適宜用いながら，毎回出席できない学生でもその都度授業内容を理解でき，意欲的に参加できるように一話完結スタイルで授業している。

（2）授業テーマについて

　アジアや欧米諸国において，比較的新しい，注目に値する動向をみせている地域や国・企業について，まずは新聞記事を用いて授業のテーマを設定するが，テーマの設定にあたっては学生にとっても馴染みがあり，かつ学生の日常にも何かしら関係のある事象から選ぶことを心がけている。その方が学生にリアルな問題意識を持たせることができると思われるためだ。

　さて近年授業したテーマをいくつか挙げると「アジアの農林業問題」のテーマとしては「中国で深刻化する水不足と退耕還林政策」，「インド農業における『白い革命』」，「カンボジアのトンレサップ湖周辺における半農半漁民のくらし」，「東南アジアにおけるプランテーションの展開」，「『緑の革命』の評価を巡って」，「オーストラリアにおけるWagyu生産」等々があり，また「欧米の農林業問題」のテーマとしては「日欧EPAと日本農業」，「動物福祉と代替肉」，「コーヒーにしますか？それとも紅茶？―グローバル化の視点から―」，「捕鯨やクロマグロ問題にみる国際協調の難しさ」，「バイオ燃料の普及と地球温暖化対策」，「アマゾン流域で多発する森林火災―進む森林の農地化―」，「アメリカ合衆国の食料戦略と穀物メジャー」，「アイルランドにおけるジャガイモ飢饉の歴史から日本が学ぶこと」，「遺伝子組み換え作物とモンサント」，「昆虫食が飢餓を救う？」等々がある。

（3）授業の構成

　まずは授業の対象の概況について新聞記事等を学生に熟読させ，用語の解説と授業の対象およびテーマの設定理由について説明をすることによって，学生に授業のねらいを理解させ，学習意欲を喚起させることに努める。それから授業対象が関係する地域・国の気候区分や地形といった自然的条件の特徴を説明し，必

要に応じて社会経済的な構造，さらには文化や宗教などといった情報にも言及し，続いて授業対象が現状に至るまでの歴史的な展開についても理解させる。現在，さまざまな地域でみられる事象は，長い時間軸のなかで，いろいろな地域・国家との間での社会経済的な交流や衝突を経て形成されたものであり，現在に至ってもなお変化し続けている。つまり，ある事象のありようは常に定型的なものであるわけではなく，時代とともに変わりうるし，変えることができるものなのだというダイナミズムを学生に感じてほしいのだ。

　最後に，まとめとして授業で扱った事象が自分たちのくらしに与える影響などについて学生に問いかけることを通じて，これからの時代を生きてゆく学生が，さまざまな事象に主体的に向き合い，さらに深く，事象の本質にまで思考を深く掘り下げてゆけるだけの力を養ってゆきたいと願っている。

（4）小　括

　「アジア」と「欧米」というエリアで世界を2つに区切って授業を構成するにあたっては扱いが難しく感じられる対象がある。例えばアフリカを対象にした場合だ。以前，「アフリカからの木材輸出」というテーマで授業したことがあるが，このテーマでの授業は果たして「アジアの農林業問題」と「欧米の農林業問題」のどちらで授業するのがよりふさわしいのか迷うことになった。かつての宗主国とアフリカ諸国との関係性を踏まえれば「欧米の農林業問題」で授業することに妥当性があると思われたことに加えて，アフリカで産出される木材のうち，より良質かつ高価なものの大半はヨーロッパに向かい，ヨーロッパで高級家具などに加工され，世界中に輸出されているということを鑑みれば「欧米の農林業問題」で授業する方が無難であると考えたのだが，その反

面，アフリカ産材の最終的な消費まで考えるとすればどうなるかなどの疑問は残る。これも正にグローバル化が進んだ現代ゆえなのであろうが，その一例としては奈良の興福寺の中金堂の再建事業が挙げられよう。この再建事業では日本国内や台湾などでは柱に加工できるような巨大で良質な木材を一定量確保できなかったため，最終的にはアフリカのカメルーンから木材を輸入して再建に充てたことがあったことはまだ記憶に新しいことである。一昔前までであれば，わが国の古寺社の建材としてアフリカ産材を用いる日が来ようとは，想像すらできなかったのではなかろうか。

　ところでアメリカ合衆国と中国の影響力が突出して巨大化するなかで，例えば「農産物貿易を巡る米中対立とその余波」といったテーマの授業でも同様に迷うことになった。なぜならこの対立の当事国がそれぞれ「アジア」と「欧米」に属しているからというだけではなく，この対立の余波はブラジルやオーストラリアや日本といった，いわば地球規模の巨大な範囲に及ぶことになるためだ。そのため，こうしたテーマを扱う場合は，授業を行うタイミングによって米中のどちらに力点を置いて説明すれば学生が関心を持って授業に臨んでくれるのだろうかと思案しながら決めるのが常態となっている。

　さて小括のおわりにもう１つ付言しておきたい。上記の２つの授業の科目名が仮に「世界の食料・農業問題」と「世界の森林・林業問題」であったなら，どのような授業をするだろうかと考えることがある。地域を問わずに一括りにして「食料・農業」または「森林・林業」で分けて授業すれば区分けで悩む必要はなくなり，授業の組み立ては容易になるかとも思うのだが，そうすると水産・漁業関係のテーマなどは扱い難くなり，また例えば南米のアマゾンでは森林が大豆生産のための農地に転換しているのだが，この事例からも明らかなように「食料・農業」と「森林・林

業」はつながっている，しかもそれは生態系的に循環が形成されているといった望ましい形ではなく，逆にトレードオフの関係にもなりうるものだと考えたとき，これからも「農林業問題」というくくり方のまま頑張ってみようとの思いに立ち戻ることになるのである。

③ 「農林業再生論」および「現代農業経済論」について

こちらの授業では先に２で述べた授業とは異なり，専ら日本国内を対象にしている。「農林業再生論」は前期に，「現代農業経済論」は後期に配置されていることもあり，以前は両方履修してくれる学生が少なからずいたため，「農林業再生論」ではやや基礎的な，導入的な内容とし，「現代農業経済論」では専門的な要素を多めにした授業をしていたのだが，近年はどちらか１つの授業を履修する学生が増えたことや，他学部他学科の学生の履修がある場合などを考慮して，現在は２つの授業で難易度的な差異は設けず，学生にとって身近で，かつタイムリーな対象・テーマをその都度取り上げて授業している。

（１）テキスト・参考資料について

かつては『食料・農業・農村白書』や『森林・林業白書』といった白書類や『日本国勢図会』，その他統計資料を用いていたのだが，ここ数年は一次資料としては新聞記事を用い，補足的に参考資料を適宜紹介するようにしている。なお参考資料は基本的に本学の図書・情報館に収蔵されているものから選んでいる。

（２）授業テーマについて

この２つの授業で扱ったテーマをいくつか挙げてみると「日本

型食生活を支える輸入農産物」，「いつまでウナギを食べられるのか？」，「食料自給率と食料自給力」，「在来種を駆逐する消費者のブランド米志向」，「小規模生産者こそが強い？兼業農家が支える日本農業」，「種子をネタに考えよう！」，「熟成肉やジビエ肉を食べてみた」，「ペットに忍び寄る農薬メーカー」，「農業分野におけるAI化」，「女性の参入で農業は活性化するか？」，「花粉症と日本林業」，「消費者の生産者化—市民農園にみる新しい農のかたち—」，「乱獲から資源枯渇へ—漁業で進む資源管理—」，「農産物輸出を消費者視点で考える」，「人口減少時代の都市と農村」，「地産地消と学校給食」，「持続可能な社会と農林業」などがある。

（3）授業の構成

　まずは新聞記事等を用いて授業の対象を選定し，テーマを決定する。その際，新聞記事は古いものは使用せず，極力半年前くらいまでのもののなかから選ぶが，1回の授業で扱う記事の数は1，2点，多くても3点までとしている。あまりに情報過多だと学生が集中できず，消化不良になるためだ。

　さて授業では，はじめに対象の概要とテーマの設定理由を学生に解説し，それから各自で新聞記事を熟読してもらうが，その際，意味のわからない用語などがあれば指摘させ，理解したことを確認して本論に入ることにしている。

　本論では，まず現状の把握と論点の整理を行い，続いて授業対象のこれまでの歴史的な展開について概観する。授業対象がこれまでどのような経緯を経て現状に至ったのか，その過程でどのような力学が働いたのか，政策的な支援およびその影響の有無があったのか，なかったのか等々を踏まえて多角的に把握・考察し，最後にまとめとして授業対象の意義や課題，さらには将来展望を示しながら学生に問いかけ，授業を終えるという形を続けている。

（4）小　括

　これまで述べてきた2つの授業のうち「現代農業経済論」は私にとって本学着任時の担当科目に最も直結した授業であり，それなりに思い入れもあるため，この授業では大学が実施している授業評価とは別に，毎回の授業についての授業評価を学生にお願いしている。協力者が見つからない年度もあるが，2019年度は優秀な学生の協力を得ることができた。なおこの授業評価は，基本的に他学部の学生にお願いすることにしている。その理由は経済経営学部の学生とは全く異なる分野を学んできた学生の理解や疑問がとても新鮮に感じられ，こちらが学ぶことが少なくないためだ。このように学生の力も借りながら，これからもさまざまな取り組みに前向きであり続けたいと思っているところである。

4 「ゼミナール」および「卒業論文」について

　私にとってゼミナールとは，わが国の農林業（学生の希望を容れて水産業を対象に加えることもある）の意義と課題について考察し，農林業がその存在意義＝社会的価値を高めることを通じて持続可能性の高い社会の形成や国土の保全に資するために，これからの農林業がどのようにあるべきかについて学生とともに考えるための場であると認識してはいるものの，現実には学生の意欲を十全に引き出すことは叶わず，それはここ数年卒業論文の提出者がいないという結果に表れている。こうした状況が学生の資質や努力不足によるのであればこちらが悩むことはないのだが，他の先生方のゼミナールでは毎年多くの優秀論文が生み出されているという「事実」が，こちらを責め立ててくる。つまりゼミナールが惨状を呈していることの責任は私にあることが明らかなのだ。ここ数年，こうした責任から逃げてきた感があるが，もう逃げ切

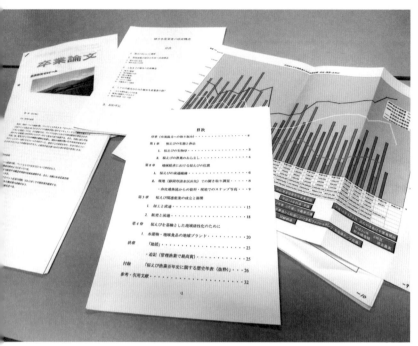

卒業生たちの成果

れないものと観念することにした。具体的に私の落ち度が何かは
まだ定かではないが，学生にできることは何かを考え，失敗を恐
れず，試行錯誤を続けるしかないと思っているところである。ま
ずは手間暇を惜しまず，学生と向き合う時間を増やしていくこと
で，学生のニーズを把握し，それに可能な範囲で応えてゆくこと
から，初心に立ち返って始めたいと思っているところである。

5 おわりに

　最後に私自身の研究についての悩みを書いてこの稿を閉じるこ

とにしたい。私は大学入学から大学院の修士課程までの間は農業経済を学んでいたが，博士課程に入る直前に指導教員の移動があったため，それまで未知の領域だった林業経済を学ぶことになった。当初はわからないことばかりで大変な思いをしたものだが，いまになって考えれば，特に山間部で暮らす人々は小規模ながらも農業も林業も兼ねて生活されている方が少なくないため，調査の際など農林業双方の事情が少しでも理解できるようになれたことは，偶然ではあったが喜ばしいことではあった。

　さてこの博士課程で私は雇用型の林業労働力問題を研究テーマとした。かつて林業で栄えた山間部では人口の減少と高齢化が急激に進み，地元での労働力確保が困難になるなかで，山間部に比べて労働力がまだ比較的存在する都市部において林業労働力を確保しようとの機運が徐々に高まってきたのだが，その実現のためには，これまで林業で一般的だった古い雇用慣行を改革し，都市労働者並みの雇用条件を整えることが林業においても必要であるとの認識がようやく広がりつつあった。当時は殆どの林業事業体において都市労働者並みの雇用条件の実現には程遠い状況であったものの，偶然に労働力の雇用に積極的な「先進事例」とも言える民間企業が島根県にあることを知り，社長の配慮と指導教官の尽力のおかげで長らくその企業で学ぶことが許された。

　当時は貴重な学びの機会を授けられたことに感謝すると共に，この研究テーマにもそれなりに意義があるように感じることができたのだが，それからの日本における労働力の推移は，東京への一極集中が進み，地方の都市部においても急激に少子高齢化が進み，介護や福祉の現場を筆頭に，労働力の確保が全体的にますます困難化することになったのだが，このように労働力の確保が困難化するなかで，林業では雇用型ではなく自伐型の非雇用型の労働力が注目を集めることとなった。現時点では自伐型は限られた

地域での動きに止まっており，林業の担い手として将来的に長らく機能できるかどうかについて私は定かとは言い難いと考えている。自伐型の林業労働力についての評価は研究者の間でも近年高まる一方だが，私としては自伐型とは自家に一定以上の山林や労働手段を既に持っている人にのみ許されるありようだと考えられるためだ。深刻な人口減少が進む地域の多くでは都市部からのIターンを取り込もうと躍起であるが，Iターンの大半は年齢的にも比較的若く，経済的な生活基盤が非常に脆弱でもあり，地域への定着が難しいことが問題視されるが，こうしたIターンに人達にとっては自伐型という途はほとんど存在すらしていないのが現実なのである。

　それでは労働力の減少と高齢化がこれからも不可逆的に進むであろうことを仮に前提とすれば，雇用型であれ自伐型であれ「貴重」な労働力を林業に充てることは果たして妥当なのだろうか。林業が日本にとって必要不可欠な産業であるならば，つまり国内に旺盛な木材需要があり，輸入はできず，国内供給にのみ依存せざるを得ないという状況であれば，労働力がいかに僅かであっても林業に充てるべきだとなるだろう。しかし，例えばこれまで長らく日本と安定した関係にあるアメリカ合衆国では森林資源が成熟化し，環境に配慮した，非収奪型の林業生産システムが構築され，質量ともに高い水準で輸出力が維持されており，こうした状況は余程のことがない限り今後も揺るがないものと思われる。

　こうした状況を鑑みた上で，これからの日本において林業はどのように位置づけられるべきなのであろうか。外部環境がどのように変化しても維持する必要がある産業なのだろうか。

　林業は働く人々にとって大変で，しかもつらい仕事だ。現場は過酷な自然環境のなかにあり，危険と隣り合わせで，体力的にもハードで誰にでもできる仕事ではない。職業訓練には時間もコス

トも膨大にかかる。加えて林業は仮に経験者が退職して他産業に転職する場合，資格・技量のある重機のオペレーター以外は林業に従事していた期間のキャリアは殆どプラスに評価されることがない。つまり頑張って積み重ねてきたことが他産業ではキャリア・アップに全く役立たないという意味でも林業はつらい仕事なのである。

　このように考えてくると「日本には林業が必要」なのだから「林業労働力を確保しなければならない」と単純に言い切ってしまうことに躊躇せざるを得ないのである。今の私自身にひとつ言えることは，こうした八方ふさがりの状態を打開するためには，倦まず弛まず学び，考え続けること以外に私には途がないということだけなのであろう。

ロボットは、きっと、ピカソになれない。

これからの時代、
ビジネスで
求められる能力とは？
平井先生、教えてください。

日本で働いている人の49％の仕事は、人工知能やロボットに代替される可能性がある。野村総合研究所とオックスフォード大学のマイケル・オズボーン教授らの共同研究によりそんな衝撃的な予測が発表されました。

もしかすると、いま学生のみなさんが就職したとしても、いずれその仕事は人工知能によって自動化されてしまうかもしれません。しかし、その一方で残り51％の仕事は人工知能には不向きな仕事とも言えます。とくに、ひらめきやアイデア、創造力、芸術などに関わる分野は人間が得意とするところ。

私が担当する「産学連携実践論」では、企業や自治体と協働し、新しいビジネスにチャレンジします。実際のビジネスの現場で、自分の頭と体を働かせて課題解決に取り組む経験を積むことにより、ビジネスにおける豊かな創造力を鍛えることが狙いです。

時代の変化を見すえ、ずっと社会の中で生きていく能力を育てる。和光が力を入れている取り組みです。

経営学科
平井宏典

和光3分大学

現代人間学部
表現学部
経済経営学部

小田急線鶴川駅から
徒歩約15分
http://www.wako.ac.jp/

ひとりを光らせる
和光大学

ワークショップ終了後，感謝状を手にして（東方設計大学にて）

とう ま まさ よし
當間政義 教授

研究分野：経営組織論，環境経営論
担当科目：基本経営学，ビジネスデザ
　　　　　イン，環境マネジメントほか
最終学校：立教大学大学院ビジネスデ
　　　　　ザイン研究科博士課程修了
学　位：博士（経営学）東京農業大
　　　　　学，博士（経営管理学）立
　　　　　教大学

メッセージ
　必修科目を基礎とし，講義バイキ
ングを活かした幅広い学びの場が諸
君を待っています。

❶ はじめに

　自分なりの思考方法について，頑なに自分のスタンスを守り，持論を突っ張るのであれば，大学で学び，新しい考え方を吸収する必要性を欠くことになる。それは受講する態度にも現れるし，大学へ向かう足取りも重くなる。新しい学習を求めないのであれば，早く実社会へ出て社会で貢献した方が実収入も得られるし，社会人としての地位も得られる。では，いったい大学で何を学ぶのだろうか。そんな問いに対して，講義やゼミナールなどにおいて，工夫を凝らす意図としての裏事情を少し話してみよう。

❷ 工夫１："理論と実践"を学ぶこと

　基本経営学という講義科目，経営学科では１年次生で履修しなければならない必修科目である。この経営学だけでなく"学"と名の付く科目は，当該分野で確立した内容である。この内容を30回の講義で歯切れよく，しかも私見を入れずに説明していくのはそれほど容易なことではない。経営学はごく一部の学生（商業高校の卒業生）以外は，はじめて聞く内容であろう。したがって，経営学の基礎的な知識がそれほど多くない学生達にとって，専門用語や理論などを知識として記憶する必要がある。

　本来，学科として必修となる根幹・基幹科目は，学問領域の入り口としての土台を一通り学んだ後，４年間かけて，持論としての"自分なりの経営の理論"を作り上げていくことが前提にある。経営学は，言わずと知れた大人の学問であり，社会人経験のない学生にとって，理屈を付けずにこれを習得するのはなかなか難しいのではなかろうか。そう単純に記憶することができないと考え

図1　授業と記事の相互関係の例

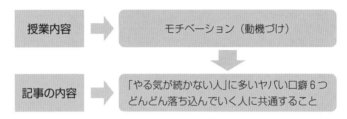

※「東洋経済オンライン」＜https://toyokeizai.net/articles/-/256864＞
　（2018/12/27　7：00配信）

ると何かの関連づけを工夫しなければならない。

　そこで講義では，経営学の講義内容に即したビジネスの記事を
読んでもらうことにしている。受講生各自が持っている携帯電話
を使って，記事を検索してもらい，その内容を読んで感想を書い
てもらうのである。

　ビジネスの現場で働く人々が読む記事（内容）は，もちろん一
般的な経営やビジネスの現場に関係する内容である。そのため，
これを読んでもらうことは，現場での経験がほとんどない受講生
でも理解できるものであろう。ここで重要なことは，“記事”と
“講義”の内容が，相互に関連する内容であるということである
（図1参照）。

　また，世間で言われる話として，一般的に，「学校で学ぶ勉強
は役に立たたない」ということに対する反証（反論）もある。こ
れは，いわゆる“理論”と“実践”は別物という考え方である。
経営学を振り返ってみると，「経営管理論」の祖とされるH.
Fayol（ファヨール）にしても，『科学的管理論』として有名な
F.W. Taylor（テイラー）にしても，『経営者の役割』を著した
C.I. Bernard（バーナード）にしても，元を辿れば，ビジネスを
実践している実務家達であり，彼らによる理論が経営学の発端に

なっていることを忘れてならない。

経営学の根幹・基幹は，管理（マネジメント）論に尽きるとも言われている。だが，この管理論は，自分が経営者，管理者あるいはリーダーという立場で何らかの職務や役割を担った経験がない学生達にとっては，なかなか実感のわかない学問領域ではなかろうか。社会へ出る1歩手前の機関（大学）で学習する学生達にとっては，経営学の講義を受講し，実践的な意義は薄いと思っているのではなかろうか。そのため，上記に記したようなビジネスの記事を受講生に読んでもらうことにしている。

こうしたことから，講義の内容・論点に即して，現実のトピックスの理解として"記事"を読んでもらうことを毎回，講義で行っている。

❸ 工夫2："可逆性"を学ぶこと

工夫の第2点目として，"可逆性（reversibility）"をいつも念頭に置いて講義していることを述べておこう。言い換えれば，受講生達は，この"可逆性"を学ぶスタンスを持って欲しいということでもある。

ここで着目する"可逆性"とはどんなことであろうか。それは，再現性（reproducibility），等結果性（equifinality）などと並んで，科学（science）性を意味している。例えば，これを簡単に，"$A+B=C$"と式に示すことにしよう。左辺と右辺に対して同じものを掛けても割ってもこの等号（＝）が成り立つ。このことから，右辺と左辺をそのまま入れ替えても成り立つことになる。よって"$C=A+B$"と表すこともでき，"C"は"$A+B$"と等しくなるということである。

この関係が成り立つことを念頭に置くと，"管理者の行動を学

ぶこと”は，“管理される従業員の行動を学ぶこと”であると置くとどうであろうか。ここに２つ目の工夫があり，受講生の側が持って欲しいスタンスでもある。それは，“管理される側の理論”すなわち労働者や従業員の理論であり，“管理する側の理論”すなわち経営者や管理者の理論を学ぶ意味がここにあるのである。

　受講生たちが経営学を学ぶのは，まさに管理を行う考え方を学ぶことである。大学を卒業した後，その多くは社会人として様々な企業や組織に就職することになる。企業や組織に所属する限りにおいて，もう少し言えば，管理される側として働くのである。従業員あるいは労働者として，自分の仕事や成果を正当に評価されることが望ましいと考えるのはいたって普通のことであろう。そのためにも，管理・評価する側の理論を学んでおくことは，管理・評価される側の理論を学んでおくことと同等なものと理解できるのであり，その方がよりスムーズな理解である。

　この可逆性を学ぶスタンスは，日常生活でも同様なことが言え，様々な場面で応用が利くといえる。例えば，“自分に対して他人がして欲しくない行動”は，実は“自分が他人にしない方がいい行動”ということと何ら変わりがない思考である。

　ここで話を戻すが，上記の式，すなわち右辺と左辺のどちらかを考えない行為である。この“可逆性”が成り立つ右辺と左辺のどちらか一方をそぎ落としてみると，それは周囲の状況や環境を顧みない気楽な単独行動を意味する。それは，“自分がそうしたいからそうする”という行為である。だが，企業，組織あるいはグループそして社会に至るまでの様々な場面で，双方を考えない行動をとる人がいるとすれば，それはいかに自分勝手な行動であろうかということである。まさに迷惑という行為にほかならない。よって，企業，組織，グループそして社会でも，対立や衝突が尽きることはなく，ギクシャクした状況となることは間違いない。

かつて，ノーベル経済学賞を受賞したH.A. Simon（サイモン）が，"人の環境は人である"と述べたように，この"可逆性"の意味するところは非常に深い意味がある。この理論を背景とすれば，大学で何のために経営学あるいは管理論を学ぶのかという意義は，まさに"可逆性"を学ぶことであり，受講生自身の将来の行動と指針となる道標ともいうべき代物を学ぶことなのである。

　以上，長々と述べてきたが，経営学を学ぶことは，"可逆性"という名の科学性を学ぶことであり，また内容そのものが組織の理論，管理の理論であるため，重要な事柄を学ぶ内容となっているということができる。

④ 工夫3："応用と視野の拡張"を学ぶこと

　ゼミナールにおいて学ぶ着眼点は2点ある。それは，応用と視野を広げることである。

（1）着眼点1：応用を効かせる学習

　受講生が知識を深めることは様々な講義で行われていることである。そこでゼミナールでは，知恵を働かせる学習を行っている。換言すれば，応用を効かせる作業を通じた学びである。

　特に2年次のゼミナールにおいては，講義で回収したコメントペーパーや出席表を学籍番号の順番に並べる作業を行っている。例えば，ゼミナールの受講生達が8人いるとしよう。この出席者8人に対して，出席用紙を順番通りに並べるという作業をしてもらう。「なーんだ，そんなことか……」と落胆する学生も多くいるであろう。時に，「先生の仕事の手伝いだ！」と非難されることも多々あるかもしれない。だが，これはA. Smith（スミス）がかつて主張した"分業"であり，その体験学習であることを述

べておくと誤解は少ないであろう。

この作業に不慣れな時は，とても時間がかかり非効率である。しかも，順番通りに並んでおらず正確性に欠ける。だが，ある一定期間，特に解説もせずに「順番通りに並べてみて！」というだけで，この作業をゼミナールの出席者全員で行ってもらう。まさに分業である。ところがゼミナールの欠席者が出るとどうなるのであろうか。作業の分担者が変化することになる。例えば，8人のうち5人が欠席し3人の出席者であったとしよう。出席表を順番に並べる作業は，3人の場合，8人の場合と同様にはいかない。1人当たりの作業量は確実に増えることになるからである。

また，ある一定の期間が過ぎたころ，方法を変えることを提案する。今度は出席者の中でリーダーを1人指名して，同様の作業を行ってもらうことにする。するとどうであろうか。

この作業は，かつてA. Bavelas（バヴェラス）が行った有名な実験であり，"環形（circle）"と"星形（star）"の実験を通じたコミュニケーションの体験学習である。コミュニケーションの仕方によって，作業の面白さの追求もあるが，作業の成果をどう生み出すか。これを理解し学ぶことの意義は大きい。作業の量は一定でも，出席者全員の場合もあれば欠席者が多数の場合もある。このように常に状況が同じであるとは限らない。だからと言って，

図2　コミュニケーションのスタイル

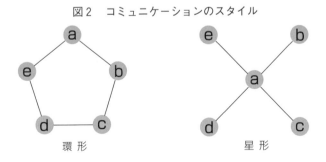

環形　　　　　　　　　　　　　　　　星形

台湾の弘光科技大学にて

作業を勝手に減らして良いわけでもない。ここに皆で協力して作業を行う協働の学習がある。こうした状況は，何を意味するのであろうか。この体験に対して，受講生達に感想と意見を聞き，そして解説を行って，経営学における応用の学習を行っている。

（2）着眼点2：視野を広げる学習
　ゼミナールでは，可能な限り海外で合宿（フィールドワーク）を行っている。これまで台湾という異国の地へ行き，しかも現地の大学生との交流を行ってきた。これは視野を広げる学習である。学生達による研究発表は，発表者の一方的な主張であるが，ワークショップとなるとそうはいかない。現地の大学生と意見を出し合い，議論をし，そして資料を作成し，発表をするといった共同作業を行うことになるからである。そのため，コミュニケーショ

ンをとらなければならない。ここで問題となるのは言語である。さて、どうするか。台湾の学生達は、驚くほど日本語や英語を話せる学生達が多い。日本人の学生達はどうであろうか。ここに外国語を学ぶきっかけづくりがある。

　また、外国語を学ぶ意欲をあまり持たぬ人にとって、「日本にいるから外国語は必要ない」という人がいるかもしれない。だが、言語が通じないとコミュニケーションは不可能なのかとも疑問に思う。どの様に応対するのだろうかと、毎年、日本と台湾の学生達のコミュニケーションを観察している。面白いもので、英語の勉強が好きではない学生でも、共通言語とされる英語を使って会話をしようと試みる。中国語や英語が十分にわからなくても、なんとかコミュニケーションをとろうとし、ワークショップが終わった後でも、食事や自由行動の際に、台湾と日本の学生達同士で、観光や食事に行ったりしているのである。ある学生たちは、1年来の再会を果たしたりして感慨深い再会に感動していた。いったい何ということか……。彼らは、ずっと連絡を取り合っていたのである。

　このように、異国間学生交流として、日常とは異なる場を設定することで、視野が変わり、いつもと違う体験を通じて、受講生個々人が様々に学ぶ機会を設定している。

　加えて、この異国間学生交流は、非常に印象に残ることから、就職活動の面接の際によく問われた時、自らが主張をするための活動でもある。それは、「大学生で一番印象に残った出来事はどんなことですか。そしてその経験からどんなことを学びましたか」という面接官の問いに対する回答にもなっている。卒業生たちが就職活動の面接の際に自信をもって主張できる、非常に役立つ経験であったと言っている。このことからも学生時代の非常に印象に残る良い経験であったことが窺えよう。

台湾での研究発表の風景（弘光科技大学にて）

⑤ おわりに

　以上，まだまだ記述したいことはたくさんあるが，紙面上の都合もあるので，このあたりにしておきましょう。

　受講生諸君は，“大学で何を学ぶのか”という自問自答を行うと同時に学習に取り組む姿勢が大事であろう。新しい学習の機会を得て，新しい考え方を構築するから，大学での学習の意味がある。①はじめにの部分で述べたように，大学で学んだ後，自分なりの思考方法に変化が起こっていなければならないのである。

　よりよい社会への貢献と構築へ向けて，自らが他者の恩恵に被ることだけを目的とするのではなく，自らが社会へ向けて何ができるのかという志を大事にし，自らの真価を試そうではないか。

　だが社会は予想しているほど甘くはない。でも，そんなに捨てたものでもない……。まさに大学での学びは，備えあれば憂いなしであり，転ばぬ先の杖ということであろう。そんなことを考えつつ，学習の現場を大切にしている。

顧客価値創造・提供活動を設計構想し，組織の創造活動を推進する実践研究

ゼミの雰囲気は，自分の輝ける場が必ず見つかり，
様々な価値観に触れ人間力が成長する

まる　やま　かず　ひこ
丸山一彦 教授

研究分野：マーケティング，イノベーション，新商品開発マネジメント，ビジネス統計
担当科目：マーケティング論，現代流通論，ゼミナール
最終学校：成城大学大学院経済学研究科経営学専攻博士課程修了
学　　位：博士（経済学）成城大学

メッセージ
「多くの人は現実を見て言う。だめだと。私はまだかなわないことを夢みて言う。やってみようと。」
—George Bernard Shaw—

① はじめに

　丸山ゼミナール（ゼミナール＜Seminar＞は，ゼミと略記される
ことが多く，理系では研究室＜Laboratory＞と表現される）は，創
造アーキテクト（ヒット商品創造の流れをデザインする建築家のよう
なイメージの）人材として，有望市場・有望ターゲット顧客の発見
から，魅力的な新商品コンセプト創造までに関わる様々な創造活
動を，設計構想（合理的にそして有機的に結びつける効果的なプロセ
スをデザイン）し，組織の創造活動を推進する役割になるための
実践研究を行っている[1]。丸山ゼミで開発したmPS（Maruyama-
Lab Pyramid Structure）理論[2]と丸山が共同研究した7PS
（Seven Product planning tool System）メソッド[3]を用いて，
今までにない新商品コンセプトを，ゼミの学生たちの独自の視点
から創造することで，研究室で開発した方法論が，実社会でどれ
だけ有効であるか，実証研究している。

　丸山ゼミでは，単なる思いつきや勘などに頼ったアプローチで
新商品（サービスやサービスとモノを組み合わせたユーザー体験も含
む）を考えるのではなく，合理的に売れる裏付け（仮説の構築と
検証）を行い，その裏付けを元に新商品を科学的に創造していく。
この一連のプロセスをデザインするやり方と各プロセスで用いる
手法（道具）を研究提案し，本研究提案が実社会でどれだけ有効
であるか実践研究を行っている。またこの実践研究の中で，組織
の創造活動を推進できる人材（創造アーキテクト）の育成も行っ
ている。

❷ 組織の創造活動とその重要性

　これが全てではないが，組織の創造活動概要の一例を図 1 に示す。顧客や社会が望み，期待する価値を創造し，提供する活動（組織の創造活動）は，組織の根幹となる重要な基軸であることがわかる。よってこの活動の最後で，商品が顧客に売れなければ，組織・事業は存続できなくなる。つまり，大企業，中小企業に関係なく，また製造業，サービス業に関係なく，全ての組織において商品が売れないことは，組織の存続に関わる重大な問題なのである。

　しかしこのような問題に対して，経営学では「組織的に」という観点からしかアプローチができない[4]。経営学は，図 1 に示すように，企業利益と顧客満足の最大化を考え，創造活動を分業化した組織を作成し，この組織をどのような方法によって管理・育

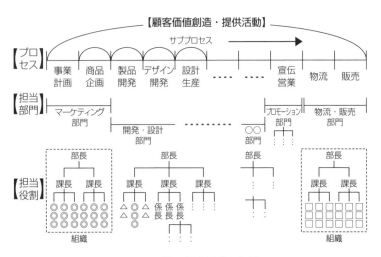

図 1　組織の創造活動の概要

成し，ゴールの目的・目標を達成させるかを実現していくための学問だからである。

　確かに経営学（経営管理や組織に関する学問）は魅力的で必要な学問である。しかし，正社員として組織的に働いた経験のない若者には，「顧客や社会が求め，期待する価値」を，「どのように創り出し，提供するか」を考える場合，創造活動の手順（プロセス）やその手順で使用する創造技法を最初にイメージすることが殆どである。だから「どのような組織がよいか，どのような組織を作るか，そして組織をどのように有機的に機能させるか」などの経営管理や組織に関する学びは，組織の創造活動の学びを終えた後に行うと，もっと効果的効率のある学びになると考える。なぜなら，どれだけ効率的な組織運営が行えても，顧客が望み・期待する価値を創造できなければ，顧客から見放され，存続できなくなるからである。さらに経営管理や組織の学問が必要かつ重要となるのは，組織や事業が大きくなり，複雑になったケースの時で，このような複雑なケースから学ぶのは，初学者には効果的でない。この意味においても，組織の創造活動を学ぶ必要性と重要性が理解できる。

　しかし残念なことに日本の大学，特にビジネスを学問として教える学部，学科で，創造性開発マネジメントの教育が行われている所はごくわずかしかない（全米の主要大学では，5割以上がクリエイティブコースを持っている）[5]。図1を見ればわかるように，創造活動の中で，人の思考や思考法を的確に共有することは難解である。そしてそれぞれ各個人で異なる思考法を用いて，経験と勘に頼った曖昧で非効率な創造活動を行い，顧客のニーズや新商品コンセプトのような目に見えないものを，組織で的確に創造することは容易ではない。また成熟社会になり，顧客のニーズが潜在化している現在では，組織の創造活動についての一定の指針を

示した「創造技法とそのやり方の管理技法」が必要であり，これらの方法論に対する実践的な研究が求められている。

　このように多くの組織で存続に関わる重要な問題を抱える創造活動でありながら，日本ではそれを学ぶ所がごくわずかでビジネス研究も少ない。だからこそ，丸山ゼミでは，組織の創造活動について，若者に学べる場と実社会にビジネス研究を提供しているのである。

❸ 社会科学の分野から理工系分野への挑戦

　図1を見るとわかるように，組織の創造活動には「製品開発，設計，生産‥」など理工系の分野も関連してくる。バブル経済時代には，生産技術力を武器に，この理工系分野が担当する部分で，組織の創造活動を世界レベルまで引っ張ってきた[6]。しかし他国の生産技術力の向上と共に，消費行動がモノ消費からコト消費に変換し，単に低コストで品質の良いものが売れるとは限らなくなってきた。これは，世界市場での戦いが，製品を設計・生産するプロセス（やり方）のイノベーションから，顧客が倍の価格を出しても買いたくなる新商品をいかに創造・提供するかのイノベーションに大きく変化したことを意味する[7]。つまり，図1で理工系分野が担当する部分の前後の活動で，すなわち社会科学系が担当する部分でイノベーションを起こしていくことが，今後の組織の創造活動でとても重要になるのである。但し，日本の「モノづくりのための技術・管理システム」はとても優れており，この武器をどのように活用し，機能させるかを考えた「総合的な創造活動」をデザインし，実践できることが要になる。

　著者も理工系の学会に所属し，研究論文を発表し，企業の方々と交流を行い，理工系の武器の理解を深めると共に，社会科学を

理工系の方々に紹介・提唱している。幸いにして，著者の研究書[8]は，2019年度「日経品質管理文献賞（1954年に日本経済新聞社が創設した賞）」を受賞し，社会科学と理工系の融合した組織の創造活動の研究を，活発にしようと推進している。著者は，ビジネスの学問は「持続的に行う社会に役立つ組織的な経済活動」に関する学問だと捉えており，必ず社会に貢献すると確信している。社会科学の学問が実務・実践に役立たないという時代は，もう古い過去の迷信になっている。今こそ，社会科学を学んだ若者の力が必要とされる時代がやってきている。

 ## 4 実践的な学問でありながら，学際的にも研究を深める

　組織の創造活動について，多くの企業と共同研究を行いながらも，組織の創造活動に関する最新の研究を学際的に学び，学会にも研究発表を行っている。学術界できちんと評価された理論に裏付けされた実践を行い，その実践によって証明された理論こそが，刻々と変化する実社会で通用する理論や方法論であると考えているからである。

　そのため，丸山ゼミでは研究論文も作成し，研究発表も行っている。多くの学生は研究者になる訳ではないが，仮説を設定し，その仮説を論理的，科学的に解明していく「論文作成の素養」は，実務の世界でも役立つ重要な能力である。幸いにして，伝統ある関東学生マーケティング大会の第35回大会で，丸山ゼミの研究が優秀賞（総合2位）を獲得できたことも，このような教育の成果であると考えている。なお関東学生マーケティング大会とは，関東圏のマーケティングを専攻する名門ゼミ（慶應・早稲田・横浜国立など）が集結し，論文審査（学会基準に準拠した）に加え，実務家審査委員（凸版印刷㈱，㈱電通，㈱博報堂，㈱インテージ，日

産自動車㈱，ライオン㈱など）へのプレゼン審査を三回戦で競う，伝統ある学生たちの研究大会である。

❺ 丸山ゼミの研究活動と特長

　図2に示すように，丸山ゼミの研究対象は「このような商品があったら顧客は喜び幸せになるだろう」と想い描く所から，顧客が実際に商品を購入し，使用する所までの商品開発プロセス全体を捉え，この全体が上手くいくようにマネジメントしていく（こ

【商品企画の実践と呼ぶが，実態は「未来の顧客価値」「顧客の問題解決策」を創造している】

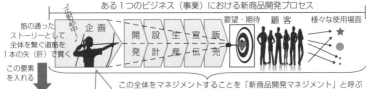

この全体をマネジメントすることを「新商品開発マネジメント」と呼ぶ

ビジネスにおいて肝になる

顧客を幸せにする仕組みの全体図を作成

＜この全体図のことをコンセプトと呼ぶ＞

こういう商品（サービスも含む）で顧客を喜ばせたいという価値物を創造できるから起業でき，その価値物に共感した人たちから，資金面も含めた多くの支援・協働が得られ事業が実現できる

丸山ゼミでは，あるビジネスを通じて「顧客を幸せにする『仕組みの全体』」を理解した上で，ビジネスの肝になる「顧客を幸せにする仕組みの『全体図』」を創り出すことを行っている。これを商品企画（事業構想含む）と呼んでいる。

「顧客を幸せにする仕組みの全体図」をどのように創り出すのか？

① 合理的に売れる裏付け（仮説）を探索し，深化させる
　考えに考え抜いて「こうしたら顧客が喜び，自社も利益が上げられる」という仮説を創る

② その仮説を元にコンセプトを科学的に創造する
　考えた仮説をインタビュー・アンケート調査，テストマーケティングによって検証して，コンセプトを創る

丸山ゼミでは，この一連のプロセスをデザインし，このプロセスを実践するやり方・手法を持っている

図2　丸山ゼミの研究活動の概要

れを新商品開発マネジメントと呼ぶ）。つまり全体の流れが分からないと，ビジネスを通じて顧客を幸せにする仕組みが理解できないからである。そして丸山ゼミでは出発点となる「企画」に重点を置く。なぜならここで顧客を幸せにする仕組みの全体図を作成することになり，企画が適切でなければ，その後のプロセスでどのように努力しても，顧客を幸せにすることは困難だからである。よって企画がビジネスにおいて肝になることが理解できる。まとめると，丸山ゼミでは，あるビジネスを通じて「顧客を幸せにする『仕組みの全体』」を理解した上で，ビジネスの肝になる「顧客を幸せにする仕組みの全体図」を創り出すことを行っている。よって単なる製品の機能・性能を企画するということではなく，広告・CMも創り，販売方法も考案する。つまりビジネスプロセス全てを理解しているからこそ，顧客や社会の価値を創造できるのである。これを商品企画（事業構想含む）と呼んでいる。

　次に「顧客を幸せにする仕組みの全体図」は次のように創っていく。まず合理的に売れる仕組みの裏付け（仮説）を探索し深化させる。「このようにしたら顧客が喜び，我が社も利益が上げられるというモデル化」を徹底的に考え抜いて，ある仮説という形を創る。その仮説をインタビュー調査，アンケート調査，テストマーケティングによって検証し，顧客を幸せにする仕組みの全体図をコンセプトという形に創りあげる。そしてこの全体図を創りあげていく中で，どのようなやり方，手法を使うと上手くいくかも研究している。

　丸山ゼミの研究活動の流れを図3に示す簡単な概念図に表すと，商品企画のスタートがあり，業務や作業をへて，ゴールにたどり着く。丸山ゼミの研究のゴール，つまりアウトプットは，新商品コンセプトという形で表現した「顧客を幸せにする仕組みの全体図」になる。これを創り出す業務・作業について，その手順，

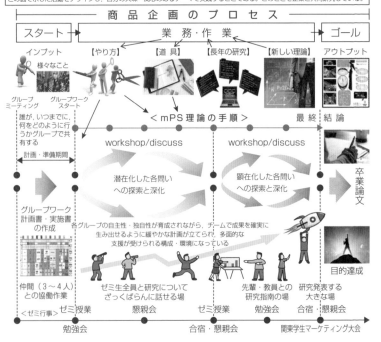

図3　丸山ゼミのグループ研究と育成体系

各手順で用いる道具，そしてそのやり方がきちんと準備されている。それは長年のゼミでの研究成果に最新理論も取り入れた独自の研究から生み出されている（これをmPS理論と呼ぶ）。そしてこの業務・作業を自分の興味関心のある商品・サービスについて，ゼミの仲間と協働して実践する。

　仲間との協働は３〜４人のグループで行っていく。いきなりグループワークが始まるのではなく，グループメンバーが集まって，「誰が，いつまでに，何をどのように行うか」相談し，調整し，合意するというグループミーティングを行う。そしてその決定事

　項をグループワーク計画書として明記し，グループ全員で共有する。このように組織で活動するための計画書・実施書の作成も体得できる。

　グループワークの進行は各グループによって異なるが，全体的に共通することは，まず潜在化している事象について，各グルー

プで立てた問いがやるべきことになり，その問いに対して，幅広
く情報を探索する活動が行われる。そしてその情報を基に各グル
ープでその情報の中から重要だと考えたものについて，深く掘り
下げて各グループの考えを深化する活動が行われる[9]。このまと
めた考えをプレゼン資料に表現して，教員やゼミ生の前で発表し，
議論するワークショップを行う。ここで問いに対して，ある一定
の答えが完成し，顕在化させた各問いへの探索と深化を行ってい
く。この流れを何度か繰り返し，自分たちの考えである「顧客を
幸せにする仕組みの全体図」の方向性を徐々に絞っていき，1つ
の形にたどり着く。そしてそれが卒業論文としてまとめられてい

く。このグループワークの進行を手助けするのが，mPS理論の
手順や道具であり，研究についての相談やアドバイスが受けられ
る「懇親会，勉強会，合宿」などのゼミ行事である（雰囲気やイ
メージは写真を参照）。夏と春に行われるゼミ合宿で，仲間と徹底
的に議論・作業できる場を活用し，指導会，懇親会等では親睦を
深めながら，最終成果をプレゼンし，研究のまとめを完了させ，
専門能力だけでなく，人間力も成長させていく。またこのような
ゼミ行事も，全てゼミ生が自主的に企画し，運営している。まと
めると，グループ研究は，各グループの自主性・独自性が育成さ
れながら，チームで成果を確実に生み出せるように緩やかな計画

が立てられ，多面的な支援が受けられる環境と構成になっている。

　以上，多くのビジネス体験が効果的に整備され，実践と学問が融合された育成体系を持つ丸山ゼミの特長は次の通りである。

① 　社会人基礎力全ての育成に関わる組織の創造活動が学べる

② 　長年の研究から生み出されたメソッドが用意されている

③ 　専門分野でのグループワーク力が身につく

　　　3年間同じ専門を目指す仲間と日々の研究活動や合宿を共にすることで，専門能力はもちろん，価値観の異なる多くの仲間と協働・共創できる真の人間力が身につく。

④ 　目標があるため，モチベーションを維持できる

　　　合宿での研究発表会，関東学生マーケティング大会など，研究成果を発表し，評価が得られる場を目標にすることで，

成果を生み出す喜びを体験できる。

⑤　常に実社会とつながる研究体験が得られる

⑥　振り返りやサポートの場が用意されている

⑦　擬似的な組織運営を体験できる

　　　ゼミ生全員がゼミ運営を担当し，ゼミ行事を自ら主体的に企画・実施することで，企業の組織運営を学生時代から疑似体験できる。

⑧　ゼミ独自のキャリア教育・就活指導が受けられる

　　　新商品開発マネジメント分野のキャリア教育を，企業との接点が多い教員から直接受けられる。また様々な時期に就活講座・指導が教員・先輩から受けられる。

⑥　おわりに

　丸山ゼミのポリシーは，「新しい事への挑戦，継続的努力，ゼミ生・研究チームの和を大事にする」ことである。研究活動やゼミ行事を通して，先輩（OB・OG含む），後輩，教員との交流や親睦を大切にし，人として成長するための力を身につける。そのため，「何処かに自分の活躍できるフィールドがあり，温かい友情を感じられる」「何事にも真面目に取り組むことが主体であるが，常に誰かを感動させたいという面白みを求める感動創造集団」というゼミの雰囲気を持っている。きっと学生生活の楽しみや熱中できること，将来の目標や自分の価値を，このゼミで見つけ出すことができるだろう。

　なお紙面の都合でゼミの内容や特長は少ししか説明できなかった。丸山ゼミの詳しい内容を知りたい方は以下を参照されたい。

①　丸山ゼミOfficial Web Site

　　　丸山ゼミの全ての事が，詳しく説明されている。

② 丸山ゼミFacebookページ

　丸山ゼミの活動の記録として，丸山ゼミの雰囲気を伝える9年間分が写真付きで紹介されている。

丸山ゼミ
Official
Web Site

丸山ゼミ
Facebook
ページ

参考文献

[1] 丸山一彦（2014）：「創造アーキテクトと新商品企画の定式化④－mPS理論と創造アーキテクト人材－」，『日科技連ニュース』，12月号，pp.6-7.

[2] 丸山一彦（2019）：『商品企画七つ道具』，日本規格協会.

[3] 神田範明編，大藤正，岡本眞一，今野勤，長沢伸也，丸山一彦（2000）：『ヒットを生む商品企画七つ道具　よくわかる編』，日科技連出版社.

[4] 丸山一彦（2021）：「顧客価値創造・提供活動における顧客価値の創造と管理」，和光大学経済経営学部編『現代に問う経済のあり方、経営のあり方』所収，pp.169-193，創成社.

[5] 高橋誠編（2002）：『新編　創造力事典』，日科技連出版社.

[6] 藤本隆宏（2004）：『日本のもの造り哲学』，日本経済新聞社.

[7] 伊豆原弓訳，玉田俊平太監修（2000）：『イノベーションのジレンマ』，翔泳社.

[8] 丸山一彦編著，杉浦正明（2018）：『開発者のための市場分析技術』，日科技連出版社.

[9] 楠木建（2013）：『経営センスの論理』，新潮社.

主体性を重視した産学連携実践論の取り組み

イベント終了後の記念写真

ひら い ひろ のり
平井宏典 准教授

研究分野：産学連携，経営戦略，文化
　　　　　経営，アートビジネス
担当科目：産学連携実践論，競争戦略
　　　　　論，経営戦略論
最終学校：東洋大学大学院経営学研究
　　　　　科博士後期課程修了
学　　位：博士（経営学）東洋大学

メッセージ
本学部は，座学だけではなく，体験
を通して学ぶことができる様々なプ
ログラムがあるのが魅力です。

① はじめに

　本節は，和光大学経済経営学部経営学科の選択専門科目として開講している通年授業「産学連携実践論」の教育プログラムを，2016年度のプロジェクトを基に紹介するものである。

　産学連携実践論は，筆者が担当教員となった2013年4月から2020年3月までの7年間で，全11テーマの産学連携プロジェクトを実施した。その全11テーマの中から，2016年前期に実施した「秋のレトルトカレー博覧会2016」を事例として取り上げて，本授業が目指す学生の主体性に重きを置いた実践的なビジネス教育の取り組みを詳述する。

② 産学連携実践論の重要性

　経営学科を志望する学生の多くは，大学卒業後のキャリア形成に役立つ実践的な知識・スキルを修得することを求めている。1年次のゼミナール等にて，どのようなことを学びたいかというアンケートを取ると，企業に就職するために必要な知識を得たい，簿記の資格を取得したい，将来起業するためのノウハウを知りたい等の声があがる。実学とも言われる経営学に対して，学生がそのような期待を抱くのは当然のことであり，経営学科として期待に応える教育プログラムを提供するのが責務であると言える。

　しかしながら，一学問領域として形成されてきた経営学の理論は，必ずしも現場で役に立つものであるとは言い難い面もある。それは「人間社会の構造と動態を説明し得る普遍的な理論を探求しながらも，現場における経営の実践に資する知見を提供しなければならない」という二面性に起因した課題である[1]。

学生に対して経営学の理論を教授する一方で、実践的な知識・スキルを提供するためには、座学中心の講義だけでは不十分であり、まだビジネス経験のない学生に体験的に学べる場を用意することが必要不可欠であると言える。

　産学連携実践論の特徴は、科目名が示す通り、民間の営利企業等と連携し、学生がビジネスを実践することで経営学を体験的に学ぶところにある。そこで重要になってくるのが、学生は実践を通して何を学ぶのかという点にある。上述の通り、多くの学生は経営学に実学としての有用性を求めている。それでは、新卒者を採用する企業側は学生に対してどのようなことを求めているのか。

　経団連が毎年実施している『新卒採用者に関するアンケート調査』において、直近となる2018年調査の「採用選考にあたって特に重視した点」では、企業が挙げた上位3つは、上から「コミュニケーション能力」、「主体性」、「チャレンジ精神」となっている[2]。逆に、下位3つは、「その他」を除いて、下から「留学経験」「履修履歴・学業成績」「語学力」となっている。また、経団連は「今後の採用と大学教育に関する提案」において、大学に期待する教育改革に言及している[3]。その中の「Ⅱ．大学に期待する教育」の項目では、基礎的リテラシー教育やアクティブラーニングの重要性が指摘されている。

　先のアンケート調査の結果からも分かるように、企業側は大学に対して学術的な知識の修得や専門性の形成だけではなく、一社会人としての基礎的な力を重視している。

　この企業側の要請が真の大学教育であるかについては議論の余地があるかもしれないが、企業を主たる研究対象とする経営学の特質や学生が抱く経営学への期待等を鑑みれば、座学だけではない実践をともなったビジネス教育を推進することは経営学科の学びとして必要不可欠であると言える。

❸ 産学連携実践論が重視する学生の伸ばしたい力

　産業界の要請に応え得る実践的なビジネス教育はどのように設計するべきか。産学連携実践論では，「どうやるか」ではなく「何をやるか」から考えることを重視している。その年度毎に，連携企業や協働する事業，その時期や場所といった枠組みは準備しているが，基本的にそこで何をやるかは学生たちの企画次第としている。このリスクが高い方法をとっている理由は，すべてお膳立てされたプロジェクトをこなすだけでは，先のアンケート調査にあった「主体性」や「チャレンジ精神」を高めることができないからである。

　また，プロジェクトを進めていく過程では，どのように創意工夫をして，自分たちが企画したものを実現させるのかということを重視している。このことは，先のアンケート調査に加え，以下の社会人基礎力の3つの能力の考え方にも対応している[4]。

①　前に踏み出す力（Action）

　　一歩前に踏み出し，失敗しても粘り強く取り組む力

②　考え抜く力（Thinking）

　　疑問を持ち，考え抜く力

③　チームで働く力（Teamwork）

　　多様な人々とともに，目標に向けて協力する力

　経済産業省は，「人生100年時代に求められるスキル」の中で，この社会人基礎力をキャリア意識・マインドと合わせて社会人としての基礎能力を「OS」，職場によって異なる社内スキルや専門スキルを業界等の特性に応じた能力として「アプリ」と位置付けている。

　この「OS」と「アプリ」は常にアップデートすることが求め

られている。「アプリ」については，将来税理士を目指す学生は会計学の関連科目，IT企業に就職希望の学生は情報系の科目というように，選択専門科目の講義を履修することでアップデートしていくことができる。

　しかし，「OS」に関わる力は，座学では修得が困難であり，アルバイトぐらいの経験では真の意味での社会人基礎力を高めることはできない。このことから，産学連携実践論ではできる限り本物のビジネスに近似した環境をつくり，「コミュニケーション能力」や「主体性」を高めることができる実践的なビジネス教育を意識して，そのプログラムを設計している。

 ## 4 産学連携プロジェクトの実例とそのプロセス

　産学連携実践論は，実際にどのような教育プログラムとして実施してきたのか。ここでは，2016年度前期に企業と連携して学生が企画運営した「秋のレトルトカレー博覧会2016」を事例として詳述していく。2016年度前期は，当時ニフティ株式会社が運営していたお台場の「東京カルチャーカルチャー（以下，「カルカル」と略称する）」というイベントライブハウスを舞台に，学生がイベントを企画運営するということだけが決まっている状態でスタートした[5]。

（1）プロジェクトの企画づくり

　まず産学連携実践論では，プロジェクトをはじめるにあたり，履修生同士のコミュニケーションを円滑にするためのチームビルディングを実施している。その後，今年度の舞台となるカルカルについての大まかな説明をし，イベントプロデューサーであり，カルカルでも各種の企画を手がけているテリー植田氏を特別講師

テリー植田氏による特別講義

としてイベントの作り
方等を学んだ[6]。

そして，履修生をい
くつかのチームに分け
て，これまでカルカル
ではどのようなイベン
トが開催されてきたの
か，その傾向や流行を
デスクトップリサーチ

現場視察

したり，現場へ視察に行く等を経て，ここから長い時間を必要と
する企画会議がはじまる。

　上述のように，基本的に決まっているのは舞台だけであり，そ
こでいつ何をやるのかは学生が自分たちで企画し，テリー植田氏
に実施の判断やアドバイスをいただくという流れで授業は進む。

2016年度前期は，履修生をいくつかのチーム分け，いくつかの企画案が作ったが，その当時注目を集めていた全国のユニークな「レトルトカレー」を集めて試食できるイベントにすることが決まった。

　企画が決まった後はどのように実現するか，アイデアと行動力が重要になってくる。「レトルトカレー試食会」であるこの企画のポイントは，どれだけユニークなレトルトカレーを用意することができるかにある。近くのコンビニやスーパーで購入できるような品では，チケット代を払ってまで来たいと思わせることはできない。

　学生は自分たちで調査し，都内でも珍しいレトルトカレー専門店へ実際に足を運んだり，直接メーカーに問い合わせたりして，7種類のレトルトカレーを揃えることができた。それらのカレーの一部は宣伝にもなるということからサンプル扱いで無償提供となった品もあるが，定価ではなく仕入価格となったがほとんどは購入する必要があった。

　そして，珍しいレトルトカレーの試食会とはいえ，それだけでは企画として人を集める力が弱いので，カレー研究家の藤井正子氏をお招きしてトークショーを行うと共に，クイズ大会も実施することになった。これらは自分たちで企画し，藤井氏の出演交渉からクイズの問題作成も学生が行なった。

（2）資金調達と実施準備

　すでに述べたようにプロジェクトはゼロベースからスタートするため，使えるお金（予算）もゼロである。会場であるカルカルの協力はあるが，レトルトカレーや提供する際に必要となる各種備品・消耗品，さらには講師謝金や会場関連の経費等のお金が必要となってくる。本企画は，有料イベントとし，参加者はチケッ

トを購入してもらう。来場者数によってはその売上で予算の大部分を補うことはできるが，すべてはカバーできない。

この資金調達の問題については，きゅうりのQちゃんで有名な東海漬物が，同時期に新商品のタニタ食堂監修福神漬けを発売することが決まっており，その広告と社会貢献という観点から，本プロジェクトに協賛として参加していただけることになった。その経緯こそは特別講師として本企画の実現のために伴走してくれたテリー植田氏の紹介であったが，学生たちはその協賛が同社にとっても価値あるものにするために，イベントの中で商品紹介をする，トークショーに東海漬物も参加してもらう等を考えていった。

実施準備としては，学生が自分たちで調理道具の専門店街を形成している合羽橋へ行き，備品や消耗品を調達する等，コンテンツを考える企画班や当日のオペレーションを担う提供班等に分かれて進めていった。

（3）イベント当日

チケット販売開始当初は，出足が鈍く，集客が危ぶまれたが，学生たちがSNSをはじめ積極的にPRすることでイベント当日には当日券も含めてほぼ満席の客入りとなった。

イベントは，企画通り，全国各地から集めた馬鹿ヤローカレー，ホルモンカレー，秋刀魚カレー，のりクロ黒カレー，京野菜カレー，栗カレー，メロンカレーの7種類の珍しいレトルトカレーを前後半2回に分けて配膳し，新潟県妙高市からカレー専用に開発された「華麗米」を2杯分，東海漬物の新発売の福神漬をつけて提供した。

当日はイベントの様子をUstreamで生配信していたが，そのPAのサブスタッフも学生が務め，トークショーでは司会のテリ

会場の様子

一植田氏と一緒に学生もアシスタントとして舞台に上がり，本イベントの趣旨説明やクイズ大会の進行を務めた。学生たちは自らが企画したイベントにチケット代を払って参加してくれた多くの来場者に，感激するととも

7種類のレトルトカレーの試食

に，学園祭等とは異なる本物のビジネスの現場に緊張感をもって臨んでいた。アンケートの結果を見ても大変満足度の高いイベントとして成功裡に終えることができた。

⑤ おわりに

　本章で紹介した2016年度前期の産学連携プロジェクトは，ビジネス的には成功であったと言えるが，これまで実施してきた全11テーマすべてが成功だったわけではない。例えば，2014年度前期の八重洲ブックセンター，2015年度前期のマルノウチリーディングスタイル，この2つの産学連携プロジェクトは，両方とも書店であり，学生がユニークな視点で集めた本をオリジナルの書棚や販売方法で売上増を試みたが，期間内に売り上げた本の冊数はわずかであった。一方で，直近となる2019年度に町田・相模原エリアを中心に飲食店事業をメインとするKEEPWILLグループと実施したカフェを舞台としたトークショーはキャンセル待ちが出る程の盛況ぶりだった。

　この産学連携プロジェクトは，実際のビジネスであると同時に教育プログラムでもある。そのビジネス的な成否に左右されずに，プロジェクトに関わった学生が体験的に経営学を学べるものでなくてはならない。

　その意味では，本授業もまだ実験段階であり，理論と実践の往還については十分であるとは言い難い。成功にしても，失敗にしても学生にとって良い思い出となるだけではなく，実践的な経営学の知識・スキルとして生かされなければならない。そのために，今後とも本授業のプログラムを改善して，和光大学経済経営学部におけるユニークな授業のひとつとなれるように新たな挑戦を続けたい。

注

1 ）琴坂将広（2014）：『領域を超える経営学』，ダイヤモンド社，pp. 30-32

2 ）一般社団法人日本経済団体連合会（2018）「2018年度新卒採用に関するアンケート調査結果」，p.6〈https://www.keidanren.or.jp/policy/2018/110.pdf〉（アクセス：2020. 4. 30）。

3 ）一般社団法人日本経済団体連合会（2018）「今後の採用と大学教育に関する提案」，〈https://www.keidanren.or.jp/policy/2018/113_honbun.html0〉（アクセス：2020. 4. 30）

4 ）経済産業省「人生100年時代の社会人基礎力」説明資料（2018）：〈https://www.meti.go.jp/policy/kisoryoku/index.html〉（アクセス：2020. 4. 30）

5 ）東京カルチャーカルチャーは，2017年11月にその運営がニフティ株式会社からイッツ・コミュニケーションに変わり，お台場のZepp Tokyo 2 階から渋谷へ移転した。

6 ）テリー植田氏は，産学連携実践論の特別講師という形で，カルカルで実施した別のプロジェクトをはじめ，東急ハンズ池袋店，八重洲ブックセンター，マルノウチリーディングスタイル町田店（現在は閉店）等のプロジェクトでも企業との連携構築や企画実践のアドバイスなど多方面からご協力いただいた。

同じ目線での国際協力の実践

ウダヤナ大学訪問

バンバンルディアント
BAMBANG RUDYANTO 教授

研究分野：地理情報システム，リモート
センシング，防災国際協力
担当科目：メディアビジネス論，データ
ベース論，フィールドワーク
最終学校：東京大学大学院工学研究科先
端学際工学専攻修了
学　　位：博士（学術）東京大学

メッセージ
学問は理論だけでなく，その応用も
重要です。グローバル社会と企業の
連携を促すことで，よりよい社会が
生まれます。

116

① はじめに

　本節では，経営学科が実施している海外フィールドワークの1つを紹介する。担当者は本章著者のバンバン・ルディアントである。自らの母国であるインドネシアを主舞台として，ゼミナール学生らが国際協力の実態を理解し，その実践に取り組めるよう，多彩な教育プログラムを提供している。

② 国際協力の実態について

　国際協力の一般的な意味は，先進国から開発途上国に支援することとされる。多くの人にとって，国際協力や援助というものは，裕福な国が貧困国を金銭的に援助することだと思われている。しかも，支援に使われる援助資金の大半は無償援助（返す必要がない）という誤解があるようだ。

　しかし，インドネシアを例にすると，実態は異なる。インドネシアへの国際援助では，グラントと呼ばれる，返済する必要がない「無償援助」が1割であるのに対して，「有償援助」（ローンと呼ばれて返済する義務がある）は9割を占めている。

　つまり，日本からの「援助」の9割は，インドネシアにとっては後日に返済が迫られる「借金」に他ならない。しかも，ローンの金利は基本的に1.65%程度であり，発展途上国向けだからといって特別に低いというわけではない。設定されるローン金利は，例えば日本国内の住宅ローンや自動車購入ローンの金利と大差がない。

　しかも，援助の大半は，いわゆる「ひも付き」（タイド）と呼ばれる形態である。すなわち，援助資金で実際に購入される物品

は日本製品が多く，日本企業の活動舞台ともなっている。

　こうした国際協力の実態を鑑みると，私たちは，援助といったものを開発途上国の国民の目線で考える必要があるだろう。言い換えると，民間企業の活動を見る顧客の目線と言えるか知れない。

　バンバンゼミナールでは，こうした国際協力の実態を理解し，発展途上国の人たちと同じ視線を持った人材の育成に取り組んでいる。以下では，こうした人材育成を目指した，フィールドワークをはじめとするゼミ活動を紹介する。

③ インドネシアでのフィールドワーク

　インドネシアで実施しているフィールドワークプログラムには，日程前半の5日間に田舎でのホームステイ，そして，日程後半の5日間へは植林活動などの国際協力・現場体験学習を組み込んでいる。

　ホームステイ先は，ジャワ島の農村である。学生1人ずつが，地元の各家庭に滞在する。インドネシア語が分からない和光生と，英語がわからないインドネシア人家族がコミュニケーションを取ることで，言語という壁を崩しながら交流することの面白さと大切さを，双方が体験している。

　そして，ホームステイ先の家族の平均月収は3万円程度である。これは，日本の学生が一か月にアルバイトで稼ぐおよそ半分ほどの金額だろう。こうした現地での生活体感から，発展途上国の経済規模も理解できる。金銭的な感覚の勉強にもなると考えられる。

　また，いかに日本が経済的に（世界の）上位にあるのかということを見直すチャンスでもある。「豊かさ」とは何かという実践的な学びにもなり得るだろう。

④ 学生の体験と成果

ここで，2018年8月のプログラムでの学生たちの体験とその成果を記しておく。

この時，参加した学生は約30名だった。彼らの感想には「最初の2日間が大変だった」というものが多かった。ただし，日程の前半で体験したホームステイが実は一番役に立ったというコメントも大半を占めていた。

ホームステイ滞在中に，学生は農業体験，村祭りの準備，そしてジャワ舞踊を習うといったプログラムに参加した。また，学生は受講するという立場だけではなく，地元の小学校で教える体験もした。小グループに分かれて小学校の各クラスで日本語の挨拶や歌などの特別授業を行った。さらに，地元大学を訪れて同世代の学生たちとの交流会も実施した。

ホームステイ後にバリ島に移り，国際協力の現場体験も行った。バリ島では2004年からJICAのマングローブ植林活動事業が実施されており，その一環で学生も参加した。

植林活動終了後には，関係機関から「環境への貢献」

マングローブ植林活動の説明会

マングローブの植林活動

のボランティア活動に関する修了証明書をもらい，就活に役立て
た参加者もいた。その後，2018年のフィールドワーク参加学生
の中からは，インドネシア政府奨学金「ダルマシスワ」に申請を
して見事を合格し，2019年の1年間にインドネシア留学をした
者もいた。

⑤ 国際機関への訪問とインターンシップ

　バンバンゼミナールでは学生たちが国際機関を訪問し，英語で
レクチャーを受けるというグローバル体験学習も取り入れてい
る。これまで訪問した機関は，世界銀行（World Bank）東京オ
フィス，JICA東京・横浜オフィス，国際熱帯木材機関（ITTO）
横浜オフィス，国際連合世界食糧計画（WFP）横浜オフィス，ア

ジア太平洋都市間協力ネットワーク（CITYNET），横浜市国際交流協会（YOKE）などである。

　そして，2018年10月には国連大学（UNU）を訪問し，持続可能な開発目標（SDGs）などを学んだ。さらに，ゼミ学生たちが国際機関でインターンシップにも参加している。

❻　グローバル防災教育の研究

　最後に，ここまで説明してきた教育プログラムとも関係の深い，著者自身の専門分野について触れておきたい。それは防災教育である。

　近年，自然災害による被害は世界中で深刻なものになっている。日本でも毎年のように，台風，地震，豪雨などの災害が発生している。

　2018年には著者の母国インドネシアのロンボク島で地震による死者が500人を超えている。同じく，2018年9月末に起きた中部スラウェシ島の地震では，津波警報システムが作動せず，その結果，津波が発生したことを知らなかった多くの住民が被害者になるなど痛ましいものだった。スラウェシ島の死者数は2,000人以上に達している。

　こうした苦い経験から，インドネシアのよ

ウダヤナ大学で日本の防災について説明

うな発展途上国では，早期警報システムの導入や避難場所の確保といった，防災の「ハード面」だけではなく，防災教育など「ソフト面」も重要と分かる。なわち，災害による被害者を減らすためには，住民が十分な防災知識を持っていることが重要なファクターなのである。

　ここで思い起こされるのは，日本の「稲むらの火」のような物語が語り継がれることの重要さである。インドネシアでもスマトラ沖地震の地震源に近いシムル（Simeulue）島には，スモング（Smong）という表現があり，それを聞いたら山に逃げるようにという言い伝えがある。スマトラ沖地震の大津波がシムル島を襲った時も，78,000人の人口のうち僅か7人しか死亡者は出なかったのである。スモング（地震の後には山へ逃げろという古老の知恵）が伝承されていたからである。この事実は，災害時のレジリエンス用語の重要性を示唆していると言えよう。

伝統舞踊マエナをニアスの小学生たちが踊る

⑦ おわりに

　上記のような実際の出来事と調査結果を受けて，バンバンゼミナールでは2016年8月から2018年11月にかけて，JICA草の根協力支援型である「ニアス島における伝統舞踊マエナ（Maena）を活用した防災教育事業」を実施した。

　プロジェクトマネジャーの高藤洋子氏が主体となって，ニアス島の8つの小学校で防災教育を実施したのである。同プロジェクトでの経験を活かし，2019年にはインドネシアで「防災教育ボランティア」を学生たちとともに行った。さらに，インドネシアのフィールドワークに参加する成績が優秀な学生は，独立行政法人日本学生支援機構（JASSO）から給付奨学金を受けた学生が数人いた。本フィールドワークは4年連続JASSOの海外留学支援制度（協定派遣）に採択され，JASSOから奨学生に旅費の半分以上支給された。

　今後もゼミ生とともに国際援助の実態を見聞し知見を蓄え，益々の支援活動，防災教育に従事していきたいと考えている。

ネパールでのWAOJEグローバルベンチャーフォーラム

<ruby>鈴<rt>すず</rt>木<rt>き</rt>岩<rt>いわ</rt>行<rt>ゆき</rt></ruby> 教授

研究分野：アジアに進出した日本企業
　　　　　の研究
担当科目：企業論, アジアビジネス論,
　　　　　ゼミナール
最終学校：早稲田大学大学院商学研究
　　　　　科博士後期課程満期退学
学　　位：修士（文学）埼玉大学

メッセージ
日本と関わりの深いアジアとそこで
働く日本人について学べます。

① はじめに

　私は和光大学経済経営学部経営学科の授業で，学生に卒業後も必要な考え方として，海外，特にアジアとの関わりを持つことが重要であると話している。経済はグローバル化し，日本企業は世界各地に進出しているが，かつてのように海外進出しているのは大企業だけではなく，中小企業も多く進出するようになっている。したがって，学生本人が海外志向でなくても，就職後海外へ派遣される可能性は高い。しかし，和光大学（だけではないが）の学生は，国内だけで生活することを考えているものが多い。海外に進出している日本企業の過半数はアジアに進出している。そのため，アジアで働く日本人は多い。アジアでの日本人の働き方を授業を通してどのように教えているかを紹介する。

② アジアの経済成長とアジアで働く日本人の増加

　経営学科では，１年生向けの「経営学科の知の体系」という学科教員全員が年１回，自分の専門を紹介するオムニバス形式の授業がある。経営学科では２年生から必修のゼミナールが始まるため，その選択に役立ててもらいたいという意図もある。

（１）アジアの経済成長の軌跡
　私はこの授業では，「アジアビジネスの発展と日本企業の対応」という講義名で，対象学生が１年生であり，基本的にアジアについてあまり知識がないことを前提に，先ず第２次世界大戦後から現在までのアジアの経済成長について紹介している。1950年代後半から日本が最初に経済成長したこと，次に1970年代からア

［鈴木岩行］　アジアにおける和僑としての働き方　　**125**

ジアNIES（韓国，台湾，香港，シンガポール），1980年代後半から
ASEAN 4（タイ，マレーシア，インドネシア，フィリピン），1990
年代初めから中国，2000年代からベトナム，インド，2010年代
からバングラデシュ，カンボジア等が経済成長してきたことを教
えている。

（2）アジアで働く日本人の増加と和僑

　次に，アジア諸国が経済成長するにつれて日本企業のアジアと
のビジネスが拡大してきたことを概括的に紹介している。海外駐
在員数は，外務省の調査によると，2015年10月時点で世界中で
26万7,142人，03年と比べて1.5倍に増えた。特に目立つのがア
ジアで，15年の駐在員は16万5894人と6割以上で，10年余りで
2倍近くに膨らんだ。また，女性の駐在員も増加し，15年は3
万3,084人に達し，うちアジアが45％である。そして，前述のよ
うに日本企業は世界各地に進出しているが，過半数はアジアに進
出していること，大企業だけでなく中小企業も海外進出しており，
和光大学の学生も就職後，海外，特にアジアで働く可能性が高い
と話している。

　アジアで働く日本人は駐在員だけではない。『朝日新聞』の記
事によると，外務省の統計では，海外に住む日本人は2013年で
125万8,000人。うちアジアは36万人で，過去10年間で世界全体
で増えた34万7,000人のうち，15万6,000人分を占める。なかで
も東南・南アジアはほぼ倍増し，17万4,000人となっている。日
本からの駐在員と家族，という従来からのイメージとは違う「現
地採用」と「起業」で働く人が目立つ。人口減少で国内市場は縮
小。国内は高コストで，輸出でなく海外での現地生産でないと，
価格競争力で負ける。このような状況から日本企業はアジアで生
き残りをかけている。『海外進出企業総覧』によると，2003年か

ら10年間に海外で設立された日系企業9,900社のうち7,200社が
アジアに集中。アジアの中でみると，12年以降は中国より東
南・南アジアへの進出数が多い。人材紹介会社によると，日系企
業が現地採用で日本人を求めている。海外の事業を任せられるエー
スは，特に中小企業では限りがある。そこで，日本企業で働い
た経験を生かした「即戦力」や現地社員と日本人社員をつなぐ
「ブリッジ役」として，ニーズが高まる。駐在員家庭に必要な福
利厚生費用を抑えられるメリットもある。働く側にとっても魅力
がある。成長社会で成果が上がりやすく，仕事にやりがいが出る。
給料は日本より少ないが，物価が安いので十分に暮らせる。就労
ビザ取得でも欧米ほど専門性や経験が求められない。

　海外で働いている日本人は，かつては企業派遣の駐在員が多く，
任期（3年から5年）が終わると帰国する人が多かった。しかし，
現在は自らの意思で海外へ行き，上記の記事のように現地で（日
本企業や現地企業あるいは第三国企業に）採用される人が増えてい
る。さらには，会社からの帰国の辞令に従わずに退職し，そのま
ま現地に残る人も出てきている。このような自らの意思により外
国で生活している人を和僑と呼ぶようになってきている。和僑は，
海外に住む中国人を指す華僑をもじったものである。かつては主
に外国で起業した人を和僑と呼んでいたが，現在は広くとらえる
ようになっている。和僑の組織として，和僑会が世界各地で創設
されているが，和僑会による和僑の定義は，次のとおりである。

　　　「和僑」とは祖国日本を離れ，中長期的に異国の地に住み，
　　そこで生計を立てている日本人のことを呼ぶ。日系企業の駐
　　在員である，現地採用で仕事をしている，現地企業又は外国
　　企業で働いている，独立して仕事をしているなどといったこ
　　とは問わない。

　私も和僑会の定義に従い，和僑を「日本を離れ，中長期的に異

国の地に住み，そこで生計を立てている日本人」のこととする。アジアで働く日本人が多いこともあり，和僑は当然アジアで最も多い。そして日本（人）の将来にとってアジアとの関わりが非常に重要であるので，大学卒業までにアジアについて関心を持って学んでほしいと話している。

③ 華僑，印僑，和僑

私が講義しているアジアビジネス論は，2年生以上が受講できる経営学科の選択専門科目である。アジアビジネス論で取り上げるアジアの領域は，東は朝鮮半島（韓国，北朝鮮）から西はインド・パキスタンまでである。本章では，自国から出て海外に居住する人々，すなわち華僑，印僑，和僑を中心に見ていきたい。

（1）東南アジアと華僑

アジアで海外に居住する人々の代表は華僑であるので，華僑から見ていくことにする。華僑は東南アジアに多く居住している。東南アジアは民族的，宗教的に複雑な地域である。東南アジア10カ国は全てＡＳＥＡＮ（東南アジア諸国連合）に加盟し，ASEAN10と呼ばれているが，シンガポールと人口の非常に少ないブルネイの2か国を除いた8か国は，いわゆるASEAN 4（マレーシア，インドネシア，フィリピン，タイ）と各国の頭文字からCLMV諸国（カンボジア，ラオス，ミャンマー，ベトナム）に大別される。ASEAN 4はASEAN発足時からの加盟国で，ASEANの中で比較的早く経済発展した国々である。CLMV諸国は，長年の戦争（ベトナム）や内戦（ラオス），虐殺（カンボジア），さらには軍事独裁政権に対する経済制裁（ミャンマー）等により経済発展が遅れたが，近年は目覚ましい経済成長を果たしている。一

方，逸早く経済発展したASEAN 4は中国系の経済的影響力が強い国々でもある。経済的影響力の捉え方は様々であるが，表のように人口に比して中国系の経済力は大きいと考えられる。

　海外に住む中国系の人のうち，国籍を中国（台湾を含む）のままにしている人を華僑，現地国籍にしている人を華人と呼ぶ。彼ら約4,000万人のうち8割が東南アジアに居住しているといわれている。中国系が東南アジアに多い理由は，19世紀にヨーロッパ諸国が東南アジアを植民地化した時に，開発の労働力として中国人やインド人（現在の印僑，後述）を導入したことによる。アヘン戦争以後，清朝の力が弱まると，耕地の少ない華南地域から先に渡航していた何らかの縁のある人（地縁，血縁，業縁の三縁）を頼りに自ら出向く人が増えた。華僑は最初は肉体労働や三刀といわれる料理人，理髪師，仕立て屋などの仕事に従事した後，事業に成功したものは経済力を蓄えていった。

　マレーシア，インドネシア，フィリピンとタイでは華人への接し方が異なる。マレーシア，インドネシア，フィリピンでは，地元民と華人は対立関係にあり，しばしば反華人暴動が起こった。マレーシアでは，1968年の反華人暴動を契機にブミプトラ（地元民優先）政策が行われるようになった。また，インドネシアでは1998年の反スハルト暴動が反華人暴動へと拡大した。フィリピンでもしばしば華人誘拐事件が発生している。それに対して，タ

表　ASEAN 4における華人の比率と株式時価総額に占める華人企業の比率

国　　名	華人の人口（万人）	総人口に占める華人の比率	株式時価総額に占める華人企業の比率（%）
タ　イ	600	10.5	81
インドネシア	732	4.0	73
マレーシア	531	29.9	61
フィリピン	82	1.3	50

イでは地元民と華人は融合し，区別する意識はあまりないとされている。華人から首相が生まれるほどで，タクシン，インラック元首相兄妹は華人系といわれている。

　タイは華人以外でも住みやすいのか，日本人も世界で4番目に多い7万2,754人が居住し，そのうち5万2,871人がバンコクに住んでいる。中国とタイの進出企業数と居住人口を比較すると，進出企業数は中国が9倍であるが，居住人口は1.7倍に過ぎない。タイは企業の駐在員とその家族ではない人が多いと考えられる。

（2）南アジアと印僑
　アジアで海外に居住する人々のうち華僑に次いで多いのは印僑である。印僑の発祥の地は南アジアである。南アジア諸国はインド，パキスタン，バングラデシュ，スリランカ，ネパール，ブータン，モルディブの7か国でSAFTA（南アジア自由貿易協定，現在はアフガニスタンも加入）を締結している。授業では，主としてインド，パキスタン，バングラデシュ，スリランカを取り上げる。この4か国は第2次世界大戦後独立するまでは，イギリスの植民地であったので，旧英領インドと呼ばれることもある。南アジア諸国は永らく経済発展が遅れていたが，近年目覚ましい経済成長を遂げつつある。それに伴い，日本企業の進出数でインドが世界4位となるなど激増している。南アジア諸国は海外に移住した人が多く，日本では印僑と呼ばれている。インド系移民は，NRI（Non Resident Indians，在外インド人＝インド国籍を保持したまま国外に居住している人）とPIO（Persons of Indian Origin，非インド国籍者）に区分されている。それぞれ華僑と華人に相当するといえよう。印僑は，19世紀のイギリス植民地（英領インド）時代，強制移住として始まった。スリランカの茶やマレーシアのゴムのプランテーションや錫鉱山の労働者として移住させられた。

20世紀になると，インド商人として，自ら東南アジア，中東，アフリカ諸国へ進出した。第2次世界大戦後は英語が堪能な人はアメリカやカナダへ移住する人が多かった。1960年代以降アフリカ諸国が次々と独立すると，現地国籍を取得しないものは国外退去を迫られ，イギリスへ移住するものが続出した。1973年の第1次オイルショック後は，石油収入の増大した中東産油国へ労働者として出稼ぎに行く者が増加した。近年アメリカなどでは，印僑が医師やIT技術者などの高度技術職に就くものが増えている。インド政府はアメリカの高所得の印僑に対してインドへの投資を促している。また，ルクセンブルグを拠点とする世界最大の鉄鋼会社アルセロール・ミタルの創業者ミタル氏も印僑である。このように印僑は世界各地で活動していることを教えている。なお，日本で印僑という場合，インド出身者だけでなく旧英領インド全体の出身者を含むことが多い。

（3）東アジアと和僑

　海外に居住する代表的な人々として華僑と印僑を取り上げたが，和僑の現状はどうであろうか。和僑が最初に多く活動したのは東アジアである。東アジア諸国は日本と経済・ビジネス関係だけでなく政治，文化，歴史的にも関わりの深い地域であるが，本節では，和僑と関係の深い香港と中国を取り上げる。

　香港は1997年にイギリスから中国に返還されたが，一国二制度の下基本的にレッセフェール（自由放任）政策がとられている。そのため，世界一自由な経済都市であり，香港で起業する日本人が多い。渡辺賢一『和僑』によると，2006年現在で日系企業の現地法人が597社に対して，日本人の設立した企業は1,500社に上り，いかに日本人の起業が多いかがわかる。香港は1840年のアヘン戦争でイギリスの植民地になって以来，自由貿易港として

発展し，政府がないため保護しない代わりに規制もしない，前述のレッセフェール政策がとられてきた。1978年末中国共産党により，中国で経済改革・対外開放政策（以下，改革・開放政策）が始まり，翌79年資本主義的な経済制度を認める経済特区が中国南部（華南）に設けられることとなった。経済特区は香港に隣接する広東省に3つ（深圳，珠海，汕頭），台湾の対岸の福建省に1つ（アモイ）設置された。中でも深圳は香港と深圳河を隔てて隣接しており，加えて当時人件費が香港の数十分の一だったこともあり，1980年代から香港企業，特に製造業が多く進出した。1984年の香港の中国返還決定，89年の天安門事件により，香港市民は香港の将来に大きな不安を抱き，香港から脱出する動きもあった。しかし，次第に沈静化し，97年の返還後も中国政府が一国二制度を遵守していることもあり，香港と深圳だけでなく，広東省全体との経済の一体化が進んだ。香港での起業のしやすさと華南の高度経済成長により，香港および広東省に進出する和僑が増加した。『和僑』でインタビューしている在中国日本人起業家13人のうち10人が香港と深圳で活動していることからも，それは明らかである。

『和僑』から香港・深圳に来た理由を見ると，先の10人中上司に誘われた1人を除いて，世界一自由な経済都市香港で起業しようと考えたからと答えている。日本人起業家のための孵化器であるテクノセンターを設立した川副哲氏は，2004年に自身の当地での20年に及ぶ経験を次代の起業家に継承したいと香港和僑会を立ち上げたとしている。

一方，華南を除く中国本土では，経済特区が設置されなかったこともあり，1990年代初めまで華南ほど急速な経済成長はしなかった。しかし，1992年春節時に鄧小平は南巡講話（深圳から上海まで中国南部を回って，「改革・開放政策は成功だった。上海に経済

特区を作らなかったのは失敗だった」と述べたとされている）を行った。89年の天安門事件以後，中国での状況を様子見していた外資系企業は，今後改革・開放政策の後戻りはないと判断し，急速な進出を開始した。それとともに本土の沿海部の経済は急成長するようになり，中でも上海は長江流域の経済の中心として飛躍的に発展した。外資系企業の進出が増えるとともに，日本企業・日本人の進出も増加した。アジアで日本人が多く長期滞在する都市として，上海はバンコクに抜かれるまで第1位であった。『和僑』では，和僑を海外で起業する人ととらえているが，須藤みか『上海ジャパニーズ』では，必ずしも起業目的だけでなく，急成長する上海に魅せられて来た人が多いとしている。同書で上海に来た理由を見ると，私の理解では紹介されている24人中，最初から起業を目指した人は9人，他のことを経験した後起業した人が4人，現地中国企業で働いている人が2人，日系企業で働いている人が5人，日本へ帰国した人が4人である。最初から起業を目指した人以外の15人（62.5％）は急成長する上海に魅せられて来たということである。結果的に日本へ帰国した4人であるが，1人を除いて海外志向である（「香港駐在予定」，「外国で働きたい」，「満足度は上海のほうが上」各1）。中国経済の中心は上海（および周辺の江蘇省，浙江省の華東地区）であるため，同書が発行された2007年の時点でビジネスチャンスは華南よりも上海に移りつつあった。日本企業の進出数は，広東省2,036社に対して，華東地域9,054社，内上海6,300社となっている。上海だけで広東省の3倍以上である（2019年現在）。その後，2012年の日本政府の尖閣諸島国有化に伴う中国での反日デモや中国の人件費等コストの上昇により，日本企業のチャイナ・プラスワンの動きが活発化したため，日本企業の進出数は減少傾向である。

東南アジア和僑の実際

　フィールドワークは座学と現地視察を組み合わせた授業で，全学年が受講できる。私は数年おきに担当している。2018年度に「和僑の現状を知ろう」とのタイトルで行った。和僑が相対的に多い中国を前期に，タイを後期に対象とした。「アジアビジネスの発展と日本企業の対応」と「アジアビジネス論」を受講した学生が選択しているとは限らないので座学やビデオで現地の理解を深めることとした。3の（3）で香港・中国の和僑については言及しているので，本項では東南アジア和僑について述べる。

（1）アンケートから見た東南アジア和僑
　2016年2月，タイ王国和僑会（現WAOJEバンコク支部）元代表の谷田貝良成氏のご協力のもと，東南アジア和僑の方へアンケート調査を行い，27人の方から回答をいただいた（内訳はタイ10人，ミャンマー11人，フィリピン3人，シンガポール，マレーシア，ベトナム各1人）。このアンケート調査から主なものを紹介する。アンケートの詳細は学部紀要の『和光経済』に執筆予定である。
① 　現在の仕事は，起業18人，現地企業勤務1人，日本企業から派遣8人。起業した人，現地企業勤務者は無論，日本企業からの派遣者も自ら海外勤務を希望した。
② 　現地で働く理由（違うを0点，やや違うを1点，まあそうだを2点，その通りを3点として，合計点を回答者数で割って算出した。）
　　　A当地が住みやすいから1.93，B当地が仕事をしやすいから1.56，C当地の人がフレンドリーだから1.93，D現地の人と結婚しているから（2人だけで）0.11。

現地で働く理由として，「当地が住みやすいから」と「当地の人がフレンドリーだから」は「まあそうだ」の2点に近いが，「当地が仕事をしやすいから」とは思っていない。「現地の人と結婚しているから」は2人だけであった。

③　仕事をするうえで日本より有利なこと（②と同様にして算出した）

　　Ａ当地は仕事のチャンスが日本より多いから2.38，Ｂ当地の人がフレンドリーだから2.35

　　「当地は仕事のチャンスが日本より多」く，「当地の人がフレンドリーだから」と捉えている。

④　仕事をするうえで不便なこと（全くない0点，ほとんどないを1点，少しあるを2点，大いにあるを3点として，合計点を回答者数で割って算出した。）

　　不便なことは「少しある」の2点を超えた2.26で，②で見たように当地が仕事をしやすいとは思っていない。

⑤　仕事が順調でも将来日本へ帰国するか　帰国する13人，帰国しない10人，未定3人，回答なし1人。

　　未定3人と回答なし1人を除くと，帰国しない人の割合は43.5％になる。日本企業からの派遣者を除くと帰国する8人，帰国しない7人となり，帰国しない人の割合は46.7％とさらに高くなる。

　アンケート調査から和僑の人たちは，当地が仕事をしやすいとは思っておらず，仕事をするうえで不便なこともあるが，当地は仕事のチャンスが日本より多く，当地の人がフレンドリーで，当地が比較的住みやすいので，帰国しないと考えている人が半数近くに上っていると理解できるだろう。

（2）タイ和僑の方へのインタビュー

　後期のフィールドワークの訪問地は，アジアで日本人が最も多く住んでいるタイのバンコクとした。アンケート調査で東南アジア和僑の感じ方の大方は理解できたので，バンコクでは実際に住んで働いている2人の和僑の方から学生とともにお話を伺った。

　一人目は谷田貝良成氏で，前述のようにタイ王国和僑会（現WAOJEバンコク支部）の創設者である。略歴は1964年東京生まれ，「世界はなぜ飢えるのか」の問題に関心を持ち，ネパールでの生活を経て，アジアで働きたいと思った。1988年旅行会社のツアーオペレーターとして来タイ，3か月でタイ語を習得し仕事ができるようになった。タイ企業に転職し10年勤務した後，会社を興した。元々健康に関心があり，東洋医学や気功，ヨガに興味があったので，その会社

米糠酵素風呂の前でユーカリ植林炭をもつ谷田貝氏

では2000年にタイツアーで高齢者や障がい者の健康を増進させる「ウエルネス・ライフ・プロジェクト」を開始した。このプロジェクトはタイでなければならないと考えた。なぜならタイには自然条件や宗教など心を癒すものがあるからである。事業が軌道に乗りかけた2001年，アメリカ同時多発テロで，ツアーに参加

しようとしていた障がい者から「飛行機に乗るのが怖い」という声が出て，すべてキャンセルになった。しかし，その後は地道にPRに努めたことで障がい者ツアーの参加者は徐々に増え，また高齢者がタイで過ごすロングステイを行うなどで，会社を維持してきた。2006年以降，タクシン派と反タクシン派の政争が激しくなり，空港封鎖等も行われ，再び予約が激減した。そんな時，木炭事業を開始し，日系大手飲食店チェーンへユーカリ植林炭を納入したことから炭ビジネスが軌道に乗った。屋号はバーンタオ（亀の家）とした。亀は長寿のシンボルであり，最後はウサギに負けず勝者になるという意味をこめた。そこで，健康ビジネスを再興することにした。それは米糠酵素風呂で電気やガスを使わず，自然の熱で温めるもので，体質改善や疲労回復などに効果があるとされている。2017年，バンコクのマッサージ店に米糠酵素風呂のユニットを収めてビジネスとしてスタートした。谷田貝氏はビジネスが問題を抱えていた2009年に香港和僑会と連絡を取って，タイ王国和僑会を立ち上げ，代表幹事としてタイ王国和僑会の発展に貢献した。アジア各地の和僑会がWAOJE（World Association of Overseas Japanese Entrepreneurs）に統合されるに伴い，2017年タイ王国和僑会はWAOJEバンコク支部となった。（和僑会の正統な継承団体は一般社団法人WAOJEである。）

　二人目は河村道昭氏で，愛知県出身，1982年に来タイした。1985年のプラザ合意前で，日本企業のタイ進出もまだそれほど多くない頃で，タイ和僑の草分け的存在である。タイに来た経緯は，同氏が当時勤務していた会社が4分の1出資していたタイの合弁会社の経理がうまくいっていないので見てくれないかということである。5年以内に帰国させるからと言われてきたら，合弁相手の台湾人の社長が急死してしまった。そこで，合弁会社の経営を任されることとなった。タイ語は現地にきて，45歳から自

分で勉強し，タイ人とコミュニケーションが取れるようになった。この会社は従業員とともに誠心誠意働き，建て直して無借金経営にした。1996年に定年で退職したが，現在勤務している会社（日系企業）の当時の社長から来てくれるよう依頼された。河村氏はクリスチャンであり，この社長とはタイの教会で知り合った。1991年からタイで外国人でも不動産（マンション）を持てるようになったこともあり，タイを終の住処とすることに決めた。タイで働き続けようと思った理由は，仕事がしやすいことと住みやすいからである。仕事がしやすいことについては，タイ人の友人は20人ほどいて，タイ人はフレンドリーであるため，仕事で不便なことはない。困ったとき日本人に相談したり，日本人同士の集まりに年数回出席することはある。住みやすさについては，（1）冬がなく，台風もないから。歳を取ると，日本の冬の寒さは堪える。（2）地震が少ないこと。これまで1回しかあったことがない。（3）食べ物が豊富なこと。

タイ和僑の草分け河村道昭氏

食べることが好きなので。（4）生活費があまりかからない。年金だけで贅沢をしなければ暮らせる。河村氏はボランティアで日本から学識経験者を呼び，講演会を主催している（2016年で7回を数えていた）。また，1998年のバンコク・アジア大会では日本女子ソフトボールの監督が副社長の友人だったこともあり，休日にタイ料理に慣れていない選手のために中華料理でもてなしたとのことである。（私事であるが，ある先生から紹介していただいてはいたが，私も初対面にも拘わらず，大変親切にしていただいた。河村

氏は自覚されていないかもしれないが，このような他者に対する親切な行いは，キリスト教の奉仕の精神から来ているのではないだろうかと思っている）

　アンケート調査でも東南アジアの住みやすさと人のフレンドリーなことは回答されているが，お二人ともそれを感じているようである。谷田貝氏はタイには癒しの力があると話されていた。一緒にお話を伺った学生は，お二人とも異国のタイで力強く仕事をされているのに感銘を受けたようである。前日私とタクシーに乗った際に，タクシー運転手が料金メーターに紙を貼り，料金をごまかそうとしたことに驚いていたからなおさらであったと思われる。

⑤　おわりに

　中長期的に海外に住み，そこで生計を立てている日本人を和僑としてとらえ，授業で華僑や印僑も紹介しながら，学生にアジアの和僑の姿を伝えている。アジアの和僑は，仕事に困難さはあるが，日本よりビジネスチャンスが多く，現地の人はフレンドリーで，住みやすいと感じている。そして日本に戻らないかもしれないと考えている人が半数近くに上るのが実情である。「はじめに」で書いたように，海外志向でなくても就職後海外へ派遣される可能性はあり，グローバル化が進めばその可能性はさらに高くなるだろう。それに備えて，海外では赴く比率の高いアジアのことを知り，アジアでの日本人の働き方を理解することで，学生に将来設計に役立てば幸いだと考えている。

参考文献

1．須藤みか『上海ジャパニーズ—日本を飛び出した和僑24人』講談社，2007年。
2．渡辺賢一『和僑　15人の成功者が語る実践アジア起業術』アスペクト，2007年。
3．堀内弘司「華僑ならぬ和僑に関するユニークな研究　研究テーマ：キャリア充実を求め，中国に越境し起業する和僑たち」早大中国塾（2010年12月での講演修正版）
4．堀内弘司「中国に越境する和僑起業家のエスノグラフィー—日本人のトランスナショナル化に関する事例研究—」早稲田大学大学院アジア太平洋研究科博士論文，2012年。
5．趙夢雲「上海の『和僑』の生活諸相：アンケート調査からその意識と特徴を析出する」『ASIA：社会・生活・文化』（1），2011年。
6．楡　周平『和僑』祥伝社，2015年。
7．鈴木岩行「日本中小企業のアジア展開—1990年代以降の岐阜アパレル・縫製業を中心に」和光大学経済経営学部編著『17歳からはじめる経済・経営学のススメ』日本評論社，2016年。
8．佐脇英志「3スタートアップイノベーション：ASEAN日本人起業家が織りなす新イノベーション」『世界経済評論』2018年11月12月，2018年。
9．佐脇英志「アセアンASEAN日本人起業家の研究：ミャンマーの事例」第26回アジア経営学会東部部会報告資料，2019年4月13日。
10．「アジアで働く　タイで浮きつ沈みつ30年　人が幸せになるヒントを探し続ける起業家」『朝日新聞GLOBE』2019年4月19日。

　　アンケート調査とインタビュー調査でWAOJEとWAOJE会員の方（WAOJEのURLはhttps://waoje.net），また河村氏に大変お世話になりました。ここに記して感謝を申し上げます。

「かき消しポン」と開発した学生たち

（こ ばやし たけ ひさ）
小林猛久 教授

研究分野：ビジネスコミュニケーション
担当科目：ビジネスコミュニケーション
最終学校：静岡大学大学院人文社会学
　　　　　研究科修士課程修了
学　　位：修士（文学）静岡大学

メッセージ
地域社会の方々と協働して学ぶ機会
がたくさんあり，社会人基礎力を向
上させることができます。

141

① はじめに

2007年4月に経済経営学部経営メディア学科（現在は経営学科）に着任し，これまで多くのゼミ生を担当してきた。ただし，当初は試行錯誤の連続だった。

最近になってようやく理想とする指導を実現することができてきた。そこで，ここでは，私のゼミナール「ビジネスコミュニケーション」の具体的な活動内容や学習成果などを紹介させて頂きたい。

② コミュニケーションとは

コミュニケーションとは，人が考えたことや感じたことなどを，言語・文字その他視覚・聴覚に訴える各種のものを媒介として実際に伝えあうことである。

すなわち，伝える内容がその中心となるわけだが，言語・非言語を問わず様々な伝達手段や方法も，コミュニケーションの重要な要素となり，その理論を知っているだけではなく，実際に利用できることが重要となる。

そして，その頭に「ビジネス」という言葉がつく場合には，ビジネスの場面において，そうした様々なコミュニケーションの要素を活用して，自身の狙いを正確に伝えるだけではなくて，相手にその答えを納得してもらい，最終的には自身が期待する結果を引き出すことが目的となる。

したがって，ビジネスコミュニケーションを成功させるためには，聞き手のニーズを正確に把握するとともに，そのニーズに即したわかり易い提案を行うことができる「知識」や「判断力」，

そして，その提案に共感と理解を得られるような表現力を身につけることが必要といえる。

しかしながら，私は着任当初，そうした能力を大学の教室でどのように指導し，養成するのかについて苦悩する毎日であった。

3 転機となった産学交流

そのようなときに，総合文化研究所のプロジェクトであった「産学交流の実践から生まれる地域の活性化と人材育成システムの構築」（研究代表者：故 飯冨延久教授）において，川崎商工会議所の有志会員で組織されている川崎異業種研究会（以下，川異研）と連携を行う担当者に就任することになった。

このプロジェクトを始めたことで，一般企業と大学が，人材育成に関する実践活動を協同して行なう場を得ることができるようになった。具体的には，川異研所属の企業経営者を講師とした学生向け講演会を開催したり，学生が作成したビジネスプランを提案したりする交流や，単独企業から直接依頼を受けて新商品や新ビジネスプランの構築などを行うことができるようになったのである。

また，それらの活動をブログやフェイスブックなどで発信することによって，近隣の市民団体や企業・商店街などからもイベント運営支援を依頼されるようになった。現在では，活動する学生が足りず，残念ながらお引き受けできない場合も出てくるほどになったのである。

4 学生たちの能力向上

学生たちはゼミ活動を通じて，創造性を豊かにするとともに，

パレール商店会さん
のイベント支援終了
後の集合写真

連携企業さんと
の商品開発会議

アイディアを具現化し論理的に表現する能力を養成している。

とくに，依頼主（市民団体や企業の方々）や直接触れる一般の
方々との業務運営上のコミュニケーションにおいて，言葉使いが
不適切，表現が曖昧であるという苦情，見積書や請求書の計算間
違いなどの指摘を厳しく受けることは，学生たちにとって大変良
い薬になったと強く感じる。

親族はもとより，先輩や教員などから基礎学力不足の指摘を受
けてもなかなか真剣に受け止められない学生が少なくない中，取
引先や顧客から指摘を受けた後には，厳重な書類チェックや受け
答えの練習などを行うようになり，二度と同じ過ちを繰り返さな
いようにしょうという意識や姿勢が芽生えるのである。

つまり，実体験の中で恥ずかしい，悔しいといった思いをする
ことによって，学生たちの学習意欲が刺激され，自ら進んで不足

していた部分を補おうとするようになったのである。

そして，その時に教員から適切なアドバイスを行うことによっ
て，実社会において即戦力として通用する人材の育成が可能とな
ることがわかってきた。

⑤ 学生の成長と外部からの評価

さらに，外部機関からの評価を受けることも積極的に取り組ん
だ。その結果，かながわビジネスオーディション2011では，「学
内排出権取引事業」というプランで起業家支援財団賞を頂いた。
また，ブランドウアイ株式会社からの依頼により，学生が開発し
た知育玩具「書き消しポン」が，日本経済新聞2013年4月25日
朝刊で同社の「キャンパス発　この一品」という企画で取材され
た約50品目のうち，第7位に選ばれるといった，大きな成果
へとつながった。

そして，50年以上の歴史を持つ全関東大学貿易研究団体連合
会に加盟して，毎年のゼミ活動の成果を論文として投稿するとと
もに，12月に開催される発表会にも参加して，他大学の学生た
ちと切磋琢磨することにより，経験で得た教訓を体系化，一般化
させる学術的な活動の重要性も体感させてきた。

⑥ おわりに

私はこれまでの活動を通じて，学生たちは柔軟な考え方ができ
るものの，自分の考えを正確に伝えたり相手の意図することをく
み取ったりすることがとても苦手であると気がつくことができ
た。その原因は様々あると思うが，「未熟である，力不足である」
などと，社会（大人）が，若者たちを詰っても何も変わり得ない。

そこで，いま，私は豊かな個性を尊重しつつも，社会人としてのマナーを始めとして，積極的に物事に取り組む前向きな姿勢，論理的な表現力，人の意見を聞いて組織的に行動する協調性などの，社会人としての基礎的能力は，社会の責任で育てていかなければならないと考えている。この思いを胸に日々の教育に取り組んでいる。

　最後に，こうした教育目的を達成すべく，私がアメリカ西海岸で行っている海外フィールドワークを紹介しておきたい。

　このフィールドワークの目的は，「エンタテイメントビジネスについて，日本とアメリカはどこが違うのか」ということを直接体験することに加えて，英語によるコミュニケーションの実践や異文化体験を通して，学生たちの国際感覚を養うことであった。

　したがって，より安価で便利な航空券や宿泊施設の調査と予約，研修地の調査や研修スケジュールの作成のためなどに，研修地の情報を英語で収集することも重要な活動であった。

　当初学生は，英語のWebページを検索して情報を入手することに苦慮していたが，活動を続けるうちに次々と有益なサイトを見つけ出し，詳細な研修計画を立てることができるようになった。また，それでも不明な点は直接電子メールで問い合わせを行ったが，アメリカのエージェントの丁寧な対応に，「遠い日本からのたどたどしい英文の質問にも，真摯に応答してくれてとても嬉しい。こういう対応にも，エンタテインメントの精神が表れているような気がする」という感想を持った学生もいた。

　こうした事前準備が役立ち，学生たちはそれぞれ個別に設定した目的をしっかりと達成することができた。また，どこまでも続く青空と爽やかな大気につつまれた雄大な自然を持つ地において現地の人々と直接触れ合った経験は，自然と人間の共生や人の温かみを知る貴重な旅ともなったと確信している。

商店街ルネサンス

パレール商店会（川崎市川崎区）

活性化へ大学生が協力

川崎市川崎区東田町の「パレール商店会」は、和光大学（東京都町田市）の学生と連携し、商店会を活性化するプロジェクトを進めている。若者の斬新なアイデアを取り入れ、新たな集客につなげたい考えだ。

「夏祭りに浴衣姿で来てくれた人には、10％オフで買い物ができるようにしたいのでは」「浴衣の貸し出しや着付けサービスをすれば盛り上がるのでは」――。5月24日、同大の教室で行われた「産学連携実践論」の授業。約40人の学生からは、商店会が8月に開く夏祭りについて、新しい提案が次々と飛び出した。授業では商店会の肥沼崇

店が立ち並ぶ「商店街」と異なり、川崎区役所など計4棟が入るビルやマンションに入居する15店舗で構成。創業60年余りの老舗うなぎ店、経営100年を迎えた眼鏡店、品ぞろえの豊富なスーパーなど、個性あふれる各店舗。その魅力を広めるため、商店会がまさに思い立ったのが独自ホームページ（HP）の

政会長（63）も参加。商店会の現状について説明した。

同商店会は、通り沿いに商店が立ち並ぶ半ば、同駅近くの大型商業施設に比べて、にぎわいに欠けるのが悩みだった。

今年3月、商店会会員の一人が、親交のあった同大経済経営学部の小林猛久准教授（49）に相談。その結果、経済メディア学科の授業の一環として、学生たちがHP作成を含めた商店会活性化プロジェクトに協力することになった。

学生たちは早速、4月7日

に商店会が開いた「花祭り」で、参加者に甘茶を振る舞う祭りの運営に協力。プロジェクトは同駅周辺の他の主要商店街との差別化する方法についての検討を始めている。

今後は10月に開かれる同駅東口周辺の6商店街による合同進行イベントにいじゃんかわせぎ」についても、企画を提案する予定で、HPも来年4月の完成を目指している。

学生側は商店会との連携について、小林准教授は「教育の場で味わえないビジネスの厳しさが経験でき、達成感も得られる」と意義を語り、同大3年の平栗雄子さん（20）も「学生だけでは気付けない新たな考え方を学べている」と話す。

肥沼会長は「普段は商店会と接点がない若者の率直な意見を取り入れることで、新たな集客につなげたい」と期待を寄せている。

（狩野洋平）

JR川崎駅から徒歩10分近くにあり、買い物客は区役所利用者やマンション住民らが大

商店会が入る建物前で「若者の発想力で活性化させたい」と話す肥沼会長

肥沼会長（右端）と夏祭りなどの企画について話し合う和光大の学生と小林准教授（中央）

▽パレール商店会▽JR川崎駅から徒歩10分。かつては木造店舗や低いビルなどが乱立する地域だったが、一環で1990年、市街地再開発事業の川崎市川崎区東田町8番地に入る建物が完成。同年、建物に入る店舗で商店会を結成し、現在は飲食店やスーパー、貸衣装、眼鏡店など15店舗が会員となっている。

地元商会の活性化策を提案（読売新聞2012年6月5日）

ラスベガスホテル調査

グランドキャニオンの大自然

ツアーデスクで直接交渉

和光大学経済経営学部55周年記念誌委員会

こどもたちの
笑い声は、
社会問題か？

公共政策って、何ですか？
稲田先生、教えてください。

そもそも、社会問題とは何でしょうか？
それは、同じ社会で暮らす人々が解決しなくてはならないと認識している問題。その解決をめざす対策が公共政策です。
たとえば、日本社会の少子化。
その要因には、働き方と子育て環境などが考えられます。
フルタイムで働きながら子育てするには保育園が必要です。
にもかかわらず待機児童は増えるばかり。
その解決のために保育園を増やす。
ひいては少子化対策につなげる。これが公共政策です。
公共政策の難しさは対策を講じればすむわけではないところ。
保育園をつくろうとしても、こどもの声は騒音だと住民が訴える事例も出てきました。
行政は、問題解決の優先順位を考え、住民と調整しながら、より効果の高い対策を実行する努力を続けるしかありません。
ところで、保育園の騒音問題についていえば、ほんとうの問題は、こどもの笑い声を不快に感じるような、社会の息苦しさにあるかもしれません。さて、どんな解決策があると、あなたは考えますか。

経済学科
稲田圭祐

和光3分大学

現代人間学部
表現学部
経済経営学部

小田急線鶴川駅から
徒歩約15分
http://www.wako.ac.jp/

ひとりを光らせる
和光大学

2015年、創立50周年を超えて 和光大学は、考えます。動きます。話します。

異質力で、輝く。
WAKO beyond 50

WAKO UNIVERSITY 21

ちがうは、チカラだ。

新型コロナウイルス感染症への本学の対応について

新型コロナウイルス感染症への本学の対応について，すでに当ホームページにて掲載している情報も含め，本ページにまとめました。感染拡大の状況は日々変化しています。今後も大学としての正式な情報は本ページを通して発信していきますので，定期的に本ページから最新の情報をご確認ください。

和光大学ホームページから

① はじめに

　2020年は新型コロナウイルス感染で暮らしが大きく様変わりした年として、人々の記憶に残るだろう。

　いまや、外出時のマスクは必需品となった。また、どこに行っても「三密」の状況を作らないでくださいといわれる。そもそも外出を控えるようにとStay Homeの掛け声もあちこちで聞かれる。在宅勤務も増え、働き方や家族との時間の過ごし方にも変化がみられる。

　社会全体の中にあって教育現場だけが超然としているということはあり得ない。当然、感染防止策が取られている。その最大のものはオンライン授業の実施といえるだろう。これまでも一部にリモート授業を行うところもあったものの、その本格的な運用は2020年春に始まった。しかも一気に全国的な広がりを見せたのである。

　和光大学でも2020年5月からすべての授業がオンラインで始まった。準備時間の限られた中、大急ぎでマニュアルを作り、システムを整えて始まった。ここまで教職員、学生、そして、そのご家族の支えで何とか運営されてきた。

　本稿は本学55周年の年に何が起こったのか。その対策をどのように展開したのかを記録するものである。

　こうした記録が、これからも多くの大学で続くだろう対策作りの参考になればと願っている。また、次世代で何らかの危機対応をする際の指針になれば幸いである。

　本稿は記録とは申しながらも、事態は未だに進行中である。そのため、文章も過去形で書かれた箇所がある一方、その多くは現在形である。今後も継続的に新型コロナウイルス感染に対する対

処については記録をしていきたい。

　なお，本稿の執筆に際しては，和光大学の半谷俊彦学長が和光学園報2020 年夏季号（No.377）に執筆された「大学におけるコロナウイルス感染拡大防止対策について」を参照している。本書への一部転載と文章の編集についてご快諾いただいた半谷学長と学校法人和光学園へ御礼を申し上げる。

 ## 危機のはじまり

　和光大学では，2019年度の期末試験期間が2020年１月27日までだった。おかげで，授業や成績評価には新型コロナウイルス感染の影響がなかった。また，入試業務もおおむね無事に終えることができた。

　いまになって，2020年１月下旬のことを振り返ってみると，大学運営は危うい瀬戸際に立っていたのだと分かる。あの時，私たちの多くは,その先にある危機を正しく認識できていなかった。語弊を恐れずに言及すると，年間行事の大きな部分が無事に終了していたことは，学校運営に携わる者にとって，ある種の僥倖だったと思える。

　しかし，３月中旬以降は，入試関連の説明会やオープンキャンパスを中止せざるを得なかった。多くの先生方も学生とともに出掛けるゼミ合宿やそれぞれの研究出張を取りやめることになった。また，学生にも催しの自粛などを呼びかけた。

　ただし，４年次生が卒業する日に行う「修了証書交付」は，学生が密集しないよう形を変えてではあったが，実施することができた。

❸ 危機対応の開始

　2020年3月，和光大学では，学生と教職員との健康と生命を守るため，そして，感染症が社会にまん延することを防ぐため，文字通り大きな決断を迫られることになった。以下では，その一部を報告させていただく。

　2020年度を迎えるにあたっては，刻々と変わる感染拡大状況や政府の対策にあわせ，予定を二転三転させることになった。最初は，2020年4月10日の授業開始は変更せずに，オリエンテーションの形式を変えることで対応することにしていた。

　ところが，すぐに授業開始を4月20日に，次いで5月20日に延期せざるを得なくなった。そして最終的には，前期の授業を原則として全てオンライン授業に変更することを余儀なくされたのである。

　あわせて，前期期間中（2020年9月13日まで）の学生のキャンパスへの入構を全面的に禁止にした。教職員の出勤に関しても，大きく制限をかけることになった。このため，各部署でリモートによる仕事の段取りが決められていった。

　また，社会人講座（和光大学では「ぱいでいあ講座」と呼んでいる）や地域社会との各種催しなども次々と中止の決定をすることになった。さらに，先生方の研究活動の一部変更なども検討されることになった。

❹ 支援策の決定と実施

　2020年4月，和光大学は独自の緊急経済支援の実施を決定した。まず，情報通信環境を整えるための資金として全ての学生に

データベースのアクセス数を増強

●アクセス数の増加や閲覧範囲を増しているデータベース

- ジャパンナレッジLib（辞書・事典類一括検索データベース）
    期間：4 / 4（土）－ 7 /31（金）
    同時アクセス数：通常 2 → 50

- 聞蔵Ⅱビジュアル（朝日新聞記事データベース）
    期間：4 /20（月）－ 7 /31（金）
    同時アクセス数：通常 1 → 50

- ヨミダス歴史館（読売新聞データベース）
    期間：8 / 3（月）－ 8 / 4（火）
    同時アクセス数：通常 1 → 100

- JSTOR（海外学術論文アーカイブ）
    期間：4 /23（木）－ 8 /31（月）　契約外の電子ジャーナルの
    　　　　　　　　　　　　　　　　閲覧が可能。

図書の無料郵送貸出し

無料郵送貸出し

- 対象：学部学生・大学院
    学生・非常勤教員

- 期間：7 /29（水）～未定
    （予算が終了し次第）

- 申込上限：1 人 2 回まで
    （1 回の申込みで
    7 冊まで）

図 1：データベースのアクセス数の増強と図書の無料郵送貸し出し

5 万円を給付する支援事業を始めた。この時，大学に対して振込先銀行口座などの連絡がなかった学生には，事務局から電話をかけて事情を説明するなど，全学生が実際に受領できるよう心掛けた。

　上記とは別に，新型コロナウイルス感染拡大に伴って生活が困窮状態に陥った学生に対する一律10万円の学費減免措置も新たに設けた。また，芸術学科では実験実習費のうち前期分に相当する金額を還付することにした。

　さらに，4 月中旬には，和光大学附属梅根記念図書・情報館のホームページから利用できるデータベースの同時アクセス数を大幅に増やした。例えば，データベース「ジャパンナレッジ」への同時アクセス数は通常時は 2 だったが，50へ増加した（2020年7月末まで）。同じく，書店や出版社などの協力を得て，国内外の書籍や論文集を検索し，一部は無料で読めるように「書籍検索トライアル」の試みを始めた（図 1 参照）。こうして，学生が自宅で

も豊富なデータベースを活用できる準備を整えた。

　そして5月下旬からは，マイクロソフト社のOffice365（ワードやエクセルなどのパッケージソフト）を全ての学生が無償で利用できるようにした。そのダウンロードも学生が自宅のパソコンでできるようにしている。したがって，全ての学生が手持ちのパソコンで最新のワードやエクセルなどの利用ができるようになっている。

　さらに7月下旬には，夏休みを前にして図書の郵送貸出しを大学が送料を負担する形で開始した（1人が2回まで無料で利用できる）。これは，夏休みに興味のある本を読めるようにとの思いで始めたことで特別に予算措置を取った。この試みは好評であり，夏休み明けも期限を設けずに（予算の続く限り）実施する予定である。

⑤　オンライン授業

　上述のように2020年5月，和光大学では創立以来はじめての全面的なオンライン授業が始まった。

　和光大学のオンライン授業は，教員がネットを通じて資料を配信し，学生はそれを視聴したり，読んだ上で課題に取り組み，ネットを通じて提出するという方法を基本としている。同時に，学生の通信環境に配慮しつつ，必要に応じて動画の配信やオンライン会議システムを使った同時双方向型授業を併せて行っている。

　ここでいう同時双方向型授業とは，教員が自身のパソコンやタブレット等を用いて，リアルタイムで学生のパソコン，タブレット，スマホ等へ，大学の教室で授業を行うように授業を配信し，学生たちと対話しながら授業を進行させる授業のことである（写真1参照）。

写真1：同時双方向型授業のイメージ

※教員は左画面で受講者の様子を観察しながら，右画面で授業資料を基に授業を進める。教員と学生の氏名なども明記されている（写真は一部加工）。

　本稿執筆の現時点でオンライン授業は12週間が終了したところである。したがって，以下の評価は現時点のものだが，資料配信と動画配信に関しては，5月の授業開始時点で心配していたような大きなトラブルに襲われることがなかった。比較的に技術的な問題が少なかったといえる。

　一方，同時双方向型授業では複数の問題が発生した。その最大の課題は，ネット通信環境の安定性であった。教員側にも学生側でもネット通信環境の脆弱性が見られ，双方で時として同時に悲鳴を上げ，その対処に時間を費やすことになった。

　この間，全国的に在宅でネットを利用する人が増えている。企業の在宅勤務の推奨，各種学校のオンライン授業の開始が各家庭のWifiに負荷をかけているものと思われる。こうした状況は今後も一定期間継続すると想定されるため，オンライン授業の通信容量の軽量化をはじめ，大学のネット環境の改善，ホストコンピューターの処理能力の向上などにも取り組む必要がある。

　最近になって，オンライン授業に関しては上記のような技術的な問題だけでなく，心理的，身体的な課題もあると分かってきた。和光大学では2020年6月から7月にかけて，学生に対してオン

ライン授業に関するアンケート調査を行った。その結果は分析を終えたところだが，とくに自由記述欄に書かれたものを読むと学生の感じている問題が浮き彫りになり，オンライン授業改善への指針が見えてくる。

　いわく，オンライン授業では学友と会うこともなく，いつも一人での勉強が強いられ孤独感が募る。友人らと互いに支えあうこともできない。そもそも通学できないので，新しい友人も作れない。そして，オンライン授業で提出を求められる課題に対する訴えも切実である。授業ごとに課題提出の方法，提出までの時間，課題の字数などが異なっているので学生は対処に苦慮している。また，その課題の分量が過重であるとの訴えがある。

　恐らく，教員としては授業日数が短縮されたこともあり，毎回の授業内容を詰め込むことになり，おのずと課題も大きくなった側面があると思われる。

　いま，上記のアンケート調査の結果は全ての教員に共有されている。後期の授業日数は例年通りのものが確保されていることもあり，学生からの要望を受ける形でオンライン授業が改善されていくと期待している。

⑥　おわりに

　学生が登校できない現状では，教育の手段は著しく制限される。こうした状況下で全国の大学も，適切な学習環境，教育内容を確保すべく苦慮している。

　一方で，新たな試みとなったオンライン授業だからこそできる取り組みもあると考えている。例えば，「オンラインでのやり取りが頻繁に行われるようになったことで教員と学生との距離が却って縮まった」，「時間割上の授業時間に縛られずに課題に取り組

ZOOMを使用しない場合、学生の進捗や理解度をどのように把握するか。

→対面授業のように
　細やかに把握することは
　できないが、
　学生自身が自分の理解を
　自分で把握できる仕組み
　（アンケート）を
　作ることにより対処した。

1-4: 道具の紹介・

鉛筆の削り方

鉛筆は約3cmほど研ぐ。
芯の部分は1cmほど出す。

1-4: 道具の使い方

消しゴムについて

図2：右上図は学生が理解度を自覚できるアンケート
　　　左下はデッサン用鉛筆の削り方の写真付き説明
　　　右下は練り消しゴムの使い方の写真付き説明

むため，考察が深まった」といった声も聞かれる。

　同時双方向の授業では，受講者を複数のグループに分けて話し合いの機会を作ることも容易にできる。こうしたネット上の機能を利用して，学生同士の議論を深めるといった取り組みも行われている。

　例えば，全学向けFD研修会（2020年9月3日）では小野奈々先生（現代人間学部）の取り組みが紹介された。すなわち，Zoomのブレイクアウト機能で受講者を小グループに分けて，そのグループごとにMiro（オンラインで使えるホワイトボード）を用いてグ

ループワークを実施したところ，学生から好評だったという。また，小野先生からはGoogle Classroomを活用してクイズ形式の設問を作るといった工夫についても紹介された。

　上記FD研修会では，世利幸代先生（表現学部）が「オンライン授業では学生の進捗や理解度を教員がきめ細かく把握することが難しい。そこで，学生自身が何をどれくらい学んだのかを自分で把握できる仕組みとして理解度のセルフチェックができるアンケートを作成した」ことを紹介した（図2参照）。

　また，通常の対面授業よりも詳しい道具の使い方の説明資料を作成して，学生達の理解のバラツキをなくす工夫も紹介された（図2参照）。このことは，教員・学生ともに，各授業内容の理解度を自覚し，高めるだけでなく，個々のどのような学生が，どのような段階でつまずきやすいかの発見に繋がる大切な取り組みであると言える。

　このように全学的にオンライン授業の工夫について検討が始まっている。今後とも，教職員が一丸となって，前向きの取り組みにチャレンジしていきたいと考えている。多くの方々のお知恵をお借りしたい。ご協力をお願いする次第である。

　末筆ながら，新型コロナウイルスに感染されて苦しまれている方々，事業や外出の自粛要請のために経済的な困窮に直面されている方々に，心よりお見舞いを申し上げます。

和光大学経済経営学部55周年記念誌委員会

私はいわゆる
アラフォーですが、
アンケートのときくらい
20代になりたいのです。

こんな調査結果を使っている
マーケティングって役立つの?
丸山先生、教えてください。

たとえば40代女性にアンケートを
行ったとします。すると年齢を20代と
サバを読む人がけっこう出ます（笑）。
調査結果からわかるのは、
人はかわいいウソを
つくものだということ。
そして、そのまま鵜呑みに
してはいけないということです。
しかしこの人たちのような
人間の心理やせの中の空気は、
人の購買行動の決定に深く影響しています。
そこで役に立つのが、マーケティング論という
ビジネスの学問です。
なぜこのような調査結果になるのかを理論や
過去のモデルを援用し、目には見えない
人の本音や悩みを発見します。
調査結果はいつもミステリー小説のよう。
その謎を読み解くところに、マーケティング論
という学問の価値とおもしろみがあるんです。

経営学科
丸山一彦

和光3分大学

Zoom授業で工夫したこと

外部講師の招聘

① 特定分野の専門家
② 学内外の研究者
③ 卒業生
④ 在外在住の学生（留学生）
⑤ 学生の家族など

外部講師 → 記憶に残る

外部講師の例：鈴木 雄太 氏
マレーシア・プレミアリーグ
クチンFA所属サッカー選手

Zoom授業で外部講師を招聘（経済経営学部研修会資料）

Zoom授業で体感した課題

① Wi-Fiが不安定
② 受講態度が不明
③ 出席状況の確認が困難
④ 試験の実施が困難
⑤ 疲労の蓄積　身体的疲労×心理的疲労

① はじめに

　2020年5月，新型コロナウイルス感染拡大の影響を受けて，和光大学ではすべての授業がオンラインで始まった。創立以来はじめての試みであり，しかも準備期間が限られていたこともあって，実施に際しては試行錯誤の連続だった。

　和光大学は6月から7月にかけて，学生と教職員に対してオンライン授業に関するアンケート調査を行った。その結果からは様々な課題が浮き彫りになっている。

　とくに学生が問題視したのは「課題の分量が多すぎる」ことや「授業ごとに資料配信の形式や課題提出のルールが異なっている」ことであった。

　また，「授業期間中，ずっとパソコンなどの端末に向き合うことは精神的に辛い」という訴えもあった。来る日も来る日も一人で資料配信型の授業を見て課題をこなすというのはストレスも溜まると思う。とくに新一年生はキャンパスへの入構も禁止され，あらたな友人をつくることもできず，ただひたすらにパソコンに向かう日々は，想像していた大学生活とはかけ離れたものだっただろう。

　これらの調査結果から，オンライン授業を行うにあたっては受講生へより丁寧なサポート，場合によっては心理カウンセリングや身近な相談会などを設ける必要があることが分かってきた。

　その一方で，同時双方向型授業に対しては肯定的な意見も寄せられている。同時双方向型授業とは，Zoomなどのテレビ会議システムを使ってリアルタイムで行う授業のことであるが，この方法では，パソコン画面を通じて教員と学生たちが向き合って授業が進むことから，従来以上に学生同士，さらには学生と教員間

でも対話が生まれたのである。

和光大学経済経営学部の教員研修会でも，同時双方向型授業の工夫に関して「講義の受講学生を小グループに分けて討議させたところ，議論が盛り上がって授業が活性化した」との報告がなされている。さらに，「ゼミナール学生たちとのオンライン懇談会が活況だった」との報告もあった。

今後もオンライン授業が続くと想定されるいま，私たち教員は学生からの切実な訴えに耳を傾け，その要望や期待に沿いつつ，リモート教育の効果を上げる方策を考えていかねばならない。

本章では，教員研修会で紹介された同時双方向型授業の工夫を中心に紹介する。こうした事例の紹介が今後の授業改善に結びつくことを願っている。

② 同時双方向型授業の工夫（１）
―話し合いの機会を設ける―

先述のようにZoomを利用した同時双方向型授業では，受講者同士の話し合いの機会を設けることができる。

もちろん，様々な特性の学生がいるので一定の配慮が必要であるが，その上で注目したいのは，私たちは「仲間と話す→楽しい」というベクトルの行動思考を持つことである。すなわち，人は社会的動物であって，周囲の人々とのやり取りから思考を活性化させるからである。

ここでは，その具体的方策を考えてみる。例えば，つぎのような試みができるだろう。

　①　語りかけと授業中のQ&A
　②　小グループの話し合いとシチュエーションゲーム
　③　授業後のフリートーク

（1）語りかけと授業中のQ&A

　まず,「語りかけ」と「授業中のQ&A」についてである。当初,同時双方向型授業では学生と教員の間で対話が成立しにくいと思われていた。ところが,実際には対面型授業よりも学生からの反応が良い。場合によっては,対話を始めるとテンポ良く進むことが分かってきた。

　これには,物理的な面と心理的な面の理由があるようだ。教員は教室内で学生に語り掛ける場合,往々にして教卓のそばに座る学生たちへ目を向けてきた。広い教室で教卓から（例えば）30メートルも離れたところに座っている学生へは語りかけにくい。一方,大教室の最後尾に座っている学生にとっても,教員の語りは自らに向けられているとは感じにくいだろう。教員は広く教室を見渡して,全員に目を配りながら語り掛けるべきだろうが,物理的には難しい。

　ところが,Zoomを利用していると,教員の顔は学生の目の前のパソコンモニターに大写しになっている。教員の声もすぐそばで聞こえる。学生が隣の友達との間で授業とは関係のないおしゃべりをするといったこともない。妙な言い方だが,オンライン授業の方が教員の語り掛けに関しては,学生も,より身近に感じられるのではないだろうか。

　心理的な面も指摘できるだろう。オンライン授業では,教室内と違って,学生も「空気を読む」必要を感じることは少ない。教室内では発言者がすぐに特定されてしまうが,オンラインであれば,個々人の発言が特定されにくい。そもそも,パソコンに向かって一人で座って受講しているのだから,空気が読めないことについてあれこれ悩むことも少ないだろう。

（2）小グループの話し合いとシチュエーションゲーム

オンライン授業の「小グループの話し合い」はすでに多くの教員が有用性を認めている。すなわち，Zoomに搭載されたブレイクアウトセッション機能を使って，受講者を小グループに分割して，それぞれのグループ内で自由な話し合いの機会を持たせることができる。

これが仮に，通常の講義で教室内にいる100人の受講者を4人ずつの25グループに分けようとすると，結構な時間がかかる。しかしZoom上ではあっという間にできてしまう。小グループでディスカッションを行うことの物理的手間は随分と軽減された。

また，ブレイクアウトセッション機能を使うと，学生たちのグループ分けが機械的に（ランダムに）行われる。毎回の授業で，機械的にグループが作られるので，毎回違った仲間と話し合いを持つことになり，受講者同士で刺激も受ける。

通常の講義であれば，グループディスカッションは毎回同じ仲間で集まる「仲良しグループ」が組成されやすい。想定していなかった相手と話し合うことは面倒と感じることもあろうが，Zoom授業の様子からすると，学生の多くは面白がっているように見受けられた。

そして，小グループの話し合いで活用できるのが，「シチュエーションゲーム」である。ある授業では，受講生を小グループに分け，ビジネスゲームをオンライン授業内で行っている。自分たちが，あるビジネスの何らかの状況（シチュエーション）に置かれたときに，どのような行動を取るのかといった検討をする。学生たちは，楽しく，そして能動的に取り組んでいる。

シチュエーションゲーム（ビジネスゲーム）は対面型の教室でしかできないと考えていたが，工夫次第でオンラインでも十分に実施可能であった。しかも，オンライン授業では，グループ分け

Zoom授業で工夫したこと

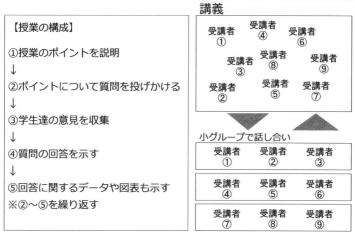

【授業の構成】

①授業のポイントを説明
↓
②ポイントについて質問を投げかける
↓
③学生達の意見を収集
↓
④質問の回答を示す
↓
⑤回答に関するデータや図表も示す
※②～⑤を繰り返す

講義

受講者① 受講者④ 受講者⑥
受講者③ 受講者⑧ 受講者⑨
受講者② 受講者⑤ 受講者⑦

小グループで話し合い

受講者①	受講者②	受講者③
受講者④	受講者⑤	受講者⑥
受講者⑦	受講者⑧	受講者⑨

図1：Zoom授業での工夫の一部（和光大学FD研修会資料）

を容易にできるので，時間的余裕が生まれ，設定を変えて複数回のゲームを行うこともできた。

（3）授業後のフリートーク

「授業後のフリートーク」は，運用次第では大きな教育効果を生む可能性がある。実施方法はいたって簡単で，オンラインの回線を授業終了後にも開放しておくのである。こうすることで，授業後に学生が教員へ直接質問をすることができる。対面型授業でも授業後に学生が教卓近くへ来て教員に質問することがあるが，ちょうどそのオンライン版といえよう。

ある授業では，当初，Zoom授業の終了後10分から15分程度の予定でフリートーク（質問タイム）を始めた。すると，徐々に授業後のオンライン上に残る学生の数が増えていった。その授業

では受講者数90名弱のところ，多い時には25名ほどの学生がオンライン上に残って教員との質疑応答をしていた。時間も最も長く続いた時は60分ほどであった。しかも面白いことに，一部の学生たちは質問をしないで，教員と他の学生たちのやり取りを熱心に聞いていただけであった。

　担当教員によると，「最初は大勢の学生が授業後にもオンライン上に残っているので，全員から質問があると思っていた」という。ところが，質問を促すと「質問はないんですけど，聞いているだけでも良いですか」といった，お願いが来るようになったという。

　この授業では，学期末に感想を求めたところ，「授業後の教員と学生のやり取りを聞いていることがとても勉強になった」と書く受講者が多かったとのことである。

　つまり，同時双方向型授業では，授業後に教員の周りに集う学生数が多かった。同時双方向型のＺｏｏｍ授業は時間通りに閉めるのではなく，授業後も一定程度開けておくと教育効果が高まるといった手応えを感じたのである。

③ 同時双方向型授業の工夫（２）
―オンラインで外部講師を招く―

　オンライン授業ならではの工夫として，もう一つ，外部講師の招聘を挙げておきたい。外部講師の話は記憶に残るという効果が期待できるが，これまでは物理的な距離や費用の関係で外部講師を招くことは難しかった。しかし，オンライン授業では国内外の外部講師を比較的容易に招くことができる。

　外部講師としては様々な人を想定できる。例えば，①いずれかの専門家や企業人，②学内外の研究者，③卒業生，④海外在住の学生（留学生），⑤学生の家族などがあるだろう。ここでは深入

りしないが，とくに⑤の学生の家族を講師として招くことは，大学の教育を保護者に見てもらい，理解してもらうという側面からも検討して良いだろう。

　ここでは，2020年前期期間中の実施例をとりあげる。例えば，経済学科の国際経済学ゼミナールでは，マレーシアのプロサッカーリーグで活躍する鈴木雄太選手に特別授業をしていただいた（2020年7月1日にZoom開催）。

　鈴木選手からはマレーシアリーグの概況や，ご自身がどのようにして海外でプロ選手となったのかなどを伺った。とくに受講者が興味深く感じたのは，サッカーと宗教の関係であった。

　マレーシアは多民族国家であり，鈴木選手の所属先（クチンFA）も様々な人種の混合チームである。このため，複数の宗教上の取り決めや行事などに合わせて，試合や練習の時間，さらには対戦相手の調整を行う必要がある。

　例えば，ラマダンとよばれるイスラム教の断食月では，モスリム（イスラム教徒）の選手は日が暮れてからしか食事が許されない。このため，レギュラーシーズン中でも試合開始が夜10時といったこともある。

　鈴木選手も，チームメイトから，まず宗教について尋ねられたという。多民族かつ多国籍のチームでは，互いを理解し多様な価値観を受け入れることで組織としてのまとまりが生まれ，高いパフォーマンスを発揮する。鈴木選手のお話は，今後，ゼミナール学生たちが国際ビジネスの現場で活躍するための貴重な助言になった。

　また，鈴木選手が海外リーグへ挑戦するお話からも刺激を受けた。鈴木選手は幼いころからサッカーに親しんできた。小・中・高，そして大学とサッカーを続けた。大学卒業後は一般企業に就職したが，プロのサッカー選手になる夢を諦めきれずに退職し，

図2：オンラインでゼミ合宿を実施した際のスライド（和光大学FD研修
　　　会資料）と合宿中の海外の大学教員による特別講演の際に使用した
　　　スライド資料（ゼミ学生が日本語訳を付けている）

日本の地域リーグを経て，海外リーグへ挑んだ。最初は欧州チェ
コのリーグに所属した。ついで，カンボジアのリーグで活躍，そ
して現在のマレーシアリーグへ移籍してきた。

　好きなサッカーにより高い次元で挑戦したいと思い，時に孤軍
奮闘しながら海外リーグで活躍する鈴木選手の生きざまから，ゼ
ミナール学生たちは刺激を受けたようである。

　上記に続いて，海外の大学教員をゼミナールに講師として招く
ことができた。この時はゼミナール学生が海外大学の教員と約2
か月にわたる交渉を行った。交渉は英語でのやり取りだったので，
学生たちは四苦八苦していたが，交渉を進めるにつれての成長ぶ
りと，特別講演が成功裏に終わった際の彼らの達成感は大きなも
のだった。講演に使用されたスライドは英語で作られたものだっ
たが，事前にゼミナール学生が日本語訳を付けていた。

　今回はごく一部の外部講師の方の話を紹介したが，オンライン
授業であれば，外部講師を招いて，文字通り特別な時間を作るこ
とができる。学生たちにとっては，普段の大学生活で学ぶことに
加味して，卒業後の進路選択を考える大切なきっかけになるであ
ろう。

4 同時双方向型授業の工夫（3）
—授業資料の統一感—

　オンライン授業であっても，授業資料に関して統一感を持って作成することが大切である。具体的には，以下のような5つの点を適切に調整することが重要である。

① 授業資料（プレゼン資料）の構成
② 資料の文字フォント
③ 資料の色使い
④ 図表等の配置
⑤ 画像の動き

　まず，授業で示す資料の構成は統一した方が良い。毎回，授業資料の構成が同じであれば，学生はつぎの展開を把握しやすい。毎回同じルールに則って作成された統一的な資料であれば，安心して受講できる。また，学生自身の復習にも活用しやすい。当然，学生の理解も進むだろう。「見やすい→理解しやすい」につながるといえる。

　美しく統一的なデザインで資料を作るためのテキストは複数あるが，ここでは，一冊だけ紹介しておく。高橋佑磨・片山なつ著『伝わるデザインの基本（増補改訂版）』技術評論社，2019年である。同書のタイトルを説明

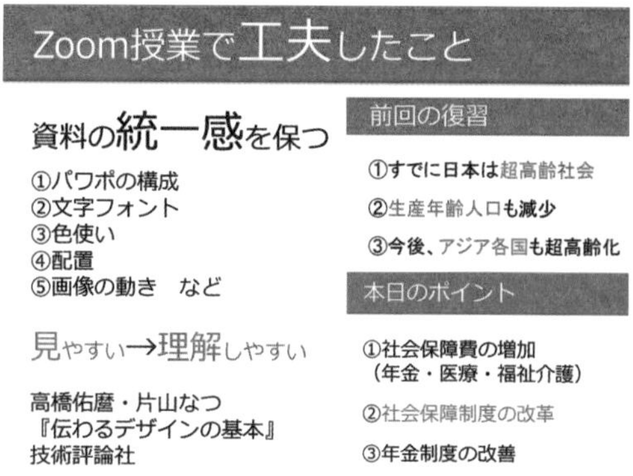

図3：資料の統一感を保つ（和光大学FD研修会資料）

する文言は「よい資料を作るためのレイアウトのルール」である。
ご一読をお勧めしたい。

⑤ おわりに ―Zoom授業の課題と可能性―

　最後に，同時双方向型授業を実施して感じた課題と今後の可能性を記しておきたい。

　まず，大きな課題としては，①大学および各家庭で情報環境の不均一かつ不安定なことがあった。各家庭でWiFi環境が異なっており，オンライン授業の安定的な受信が覚束ないケースも散見された。ただし，情報機器を揃えるための大学の緊急支援，Officeソフトの無料供与，教員側の資料提示の工夫など，徐々に環境は整いつつある。この課題については，物理的に解決が可能となっていくであろう。

　ついで，②試験の実施が難しいといった課題も提起された。対面授業における期末試験は，本人確認や不正防止などが比較的に容易であった。ただし，オンラインで試験を実施する場合は，公平を期すためにも教員側の準備と工夫が必要である。詳細は割愛するが，今後の更なる創意工夫が望まれるところである。

　最後に，③疲労の蓄積といった課題も挙げられる。肉体的なことはもちろん，上述のような精神的な負担が蓄積されることにも留意せねばならない。上記①と②の課題は技術的に克服され得ると考えるが，心理面も含めた疲労の蓄積については未知の領域でもあり，教育界だけでなく，様々な専門家が集って対策を考える必要がある。この観点からすると，心理的ケアが今後のオンライン授業にとっての最大の課題といえるかも知れない。

　オンライン授業については，先の学生向けアンケートでも示されたように，改善すべき点も多いながら，一定の評価を得ている。

既述のように，オンライン授業が続く以上，改善すべきことは適正に直しつつ，得られた評価を更に高める努力をせねばならない。

　基本的に教員は誰しもが，学生から何らかの反応を得たいと考えていると同時に授業内容が本当に受講者へ届いているのかと心配である。対面授業であれば，教員が目の前にいる学生に確認することは容易だ。

　オンライン授業でも基本的に教員の希望と懸念は同様で，この点からも，本章で紹介した，教員と学生の間の対話が大切と考える。学生へ声を掛け，学生からのリプライを受け止めることは，大教室の対面授業では実行しにくいと思われていた。ところが，オンライン授業では容易とまでは言わないが，これまで以上のことが出来そうである。授業内の対話は，通常講義の中で行われるディベートに引けをとらないとの実感も得ている。

　さらに大きな視点として我々が捉えておきたいことは，オンライン授業が始まったことで，私たちは自らの姿を見ながら，プレゼンテーションできるようになったことだ。恐らく，自分が話す姿を客観的に眺めながらプレゼンテーションを行うようになったのは，史上はじめてのことだろう。

　自分の姿を見ながら話すことは，プレゼンテーションそのものは当然ながら，コミュニケーションの能力と効果を向上させる機会になるだろう。これまでもプレゼンテーションの練習をあらかじめ事前にすることはあった。これからは事前練習に加えて，その場で自ら発表を客観的に見ながら，適宜修正を加えることができる。こうしたことは，オンライン授業に関する新しい可能性を切り開くという意味で面白い研究テーマに成り得るだろう。

　そこで，これからは二者択一ではなく，対面型授業とオンライン授業の2本立てで，双方の良い面を引き出し，より高い教育効果を生み出していくことも考えるべきだろう。今後の工夫次第で，

大学教育に関するブレークスルーが誕生する可能性がある。

　ブレークスルーを目指して，今後，多くの方と情報を共有しながら，より良いオンライン授業と対面型授業の組み合わせを創り出せれば幸いである。

齋藤邦明

和光　　大学

介護をする人が
いちばんケアされなきゃ
いけない人だと思う。

日本の介護、このままで大丈夫なの？
樋口先生、教えてください。

介護をする家族はどれくらい介護に時間をかけているか、和光大学が町田市で行った調査によると、介護にかかわる期間が5年以上の人は45.7%にものぼります。介護する人にはお休みがありません。心配なのはなによりも共倒れしてしまうこと。そうならないようにするには、どんな社会的なしくみが必要なのか、介護や年金、医療保険など、人間が人間らしく、幸福に生きるためのしくみを学ぶ、それを考えるのが「社会政策」という学問です。そのとき大切なのは、他人のことも自分のことのように考える姿勢です。授業では介護施設でのボランティアも体験します。実際に介護をする人と同じ気持ちになって、よりよい社会のしくみを想像してみる。その経験は世の中に出てから、大きな力になると思います。

和光大学
現代人間学部　表現学部　経済経営学部

過去の記念誌における略史掲載一覧

　和光大学経済経営学部（前身の経済学部）の略史は過去の記念誌に掲載されてきたが，すでに絶版となっているものも多く，また略史についても2005年9月を最後に掲載が止まっている。本書より，再び略史を掲載するにあたり，過去の記念誌における略史の掲載状況を示したうえで，本書では主として2005年10月から2020年9月までを対象として略史を掲載する。

記念誌書名 （副題）	刊行年	略史のタイトル，記録年間 （略史未掲載の場合，＊で追記）
『アダム・スミスとその時代』 （和光大学経済学部創立10周年記念，アダム・スミス『国富論』出版200周年記念特集）	1977年	「和光大学経済学部10年略史」 1964年（大学設置計画）〜1966年（開学。以降，年度で掲載）〜1975年
『マルサス・リカードとその時代』 （和光大学経済学部創立15周年記念号　梅根悟博士追悼論文集）	1981年	＊略史未掲載（教員4名による「十五年の思い出」） ＊梅根悟博士略歴および著作・論文目録
『ミル・マルクスとその時代』 （和光大学経済学部創立20周年記念号）	1986年	「和光大学経済学部20年略史」 1964年〜1986年（3月31日迄）
『マーシャルとその時代』 （和光大学経済学部創立25周年記念号）	1991年	「和光大学経済学部25年略史」 1964年〜1990年（10月1日迄）
『ケインズ・バーナードとその時代』 （和光大学経済学部創立30周年記念号）	1996年	「和光大学経済学部史」 1989年4月〜1995年（10月1日迄）
『シュムペーター・サイモンとその時代』 （和光大学経済学部創立35周年記念号）	2001年	「和光大学経済学部略史」 1995年4月〜2000年（8月31日迄）
『サミュエルソン・ドラッカーとその時代』 （和光大学経済学部創立40周年記念号）	2006年	「和光大学経済経営学部略史」 2001年4月〜2005年（9月30日迄）
『地球環境時代の経済と経営』 （和光大学経済経営学部創立45周年記念論文集）	2011年	＊略史未掲載

『17歳からはじめる経済・経営学のススメ』 （周年の題字なし。カバーに「WAKO UNIV. 50」）	2016年	＊略史未掲載
『経済経営学部のキセキ』 （和光大学経済経営学部創立55周年記念論文集。「研究編」「教育編」2分冊）	2021年	「和光大学経済経営学部略史（主として2005年度以降）」 2005年10月〜2020年9月

（35周年記念号までは和光大学経済学部編, 40周年以降は和光大学経済経営学部編著）

＜略史凡例＞

(1) 略史の掲載事項は, 過去の略史を参照し, すべての略年史に掲載されている, 以下の①〜③を基本的に掲載するかたちをとった。

①　教員情報（着任, 退職, 名誉教授（逝去）を含む）

教員は経済学科, 経営学科（2013年以前は経営メディア学科）の順で, 氏名（五十音順）, 所属学科, 主たる担当科目を掲載した（その他, 生年月日, 職位等は省略）。

②　『和光経済』の発行年月日

③　年中行事（入学登録, 修了書交付）

その他, 該当年度における特徴的な事項・出来事を掲載した。また, 毎年11月の学園・大学創立記念については10周年ごとの掲載とした。

(2) 過去の略史において, 年度の掲載は和暦のみ, または和暦（西暦）となっていたが, 西暦に統一した。

(3) 略史は, 『和光学年八〇年史』（和光学園八〇年史編集委員会編, 学校法人和光学園刊, 2013年）, 『和光学園事業報告書』各年, 『和光経済』各号, 『和光大学通信（継続後誌：WAKO CIR-CLE)』各号, 和光大学ホームページを元に, その他教職員への聞き取り, 提供資料によって, 作成した。

❷ 略　史

2005年度（10月以降）

2005年	11月11日	学部紀要発行	『和光経済』第38巻第 1 号発行。
2006年	1 月25日	学部紀要発行	『和光経済』第38巻第 2 号発行。
	3 月25日	学部紀要発行	『和光経済』第38巻第 3 号発行。
	3 月20日	修了証書交付 （第37回）	経済学科卒業生161名，経営メディア学科卒業生163名。
	3 月31日	退職教員	松永巌（経済学科・英語学）

2006年度

2006年	4 月 1 日	着任教員	竹田泉（経済学科・経済史），タラウィン・シルヴァーウッド（経済学科，語学教育），小林猛久（経営メディア学科，ビジネス・コミュニケーション）
	4 月 6 日	入学登録	経済学科入学生179名，経営メディア学科入学生180名。
	4 月15日	出来事	体育館「パレストラ」落成式。
	11月 9 日	行　事	和光大学創立40周年記念式典開催。
2007年	1 月15日	学部紀要発行	『和光経済』第39巻第 1 ・ 2 号発行。
	3 月16日	学部紀要発行	『和光経済』第39巻第 3 号発行。
	3 月20日	修了証書交付 （第38回）	経済学科卒業生155名，経営メディア学科卒業生186名。
	3 月31日	退職教員	岡本典子（経済学科・消費経済論），三浦郷子（経済学科・環境科学），上野正男（経営学科・会計学）

2007 年度

2007年	4月7日	入学登録	経済学科入学生186名，経営メディア学科入学生187名。
2008年	1月20日	学部紀要発行	『和光経済』第40巻第1号発行。
	3月15日	学部紀要発行	『和光経済』第40巻第2・3号発行。
	3月19日	修了証書交付（第39回）	経済学科卒業生142名，経営メディア学科卒業生169名。

2008 年度

2008年	4月1日	着任教員	伊藤隆治（経済学科・エンターテイメント経済学），櫻井武司（経済学科・環境学），佐山周（経済学科・ファッションビジネス論），西岡久充（経営メディア学科・経営工学）
	4月5日	入学登録	経済学科入学生191名，経営メディア学科入学生180名。
	4月7日	訃　報	原田勝正名誉教授，逝去。
	9月15日	学部紀要発行	『和光経済』第41巻第1号発行。
2009年	3月15日	学部紀要発行	『和光経済』第41巻第2・3号発行。
	3月20日	修了証書交付（第40回）	経済学科卒業生147名，経営メディア学科卒業生117名。
	3月31日	退職教員	櫻井武司（経済学科・環境学）

2009 年度

2009年	4月1日	着任教員	星野菜穂子（経済学科・現代日本経済論），水野谷剛（経済学科・社会環境システム論），岩崎功（経営メディア学科・会計学），大坪史治（経営学科メディア学科・社会関連会計）

	4月3日	入学登録	経済学科入学生179名，経営メディア学科入学生178名。
	7月17日	訃　報	飯冨延久名誉教授，逝去。
	12月11日	出来事	学長に伊東達夫教授が就任。
	12月15日	学部紀要発行	『和光経済』第42巻第1号発行。
2010年	1月20日	訃　報	持田恵三名誉教授，逝去。
	3月15日	学部紀要発行	『和光経済』第42巻第2・3号発行。
	3月20日	修了証書交付 （第41回）	経済学科卒業生137名，経営メディア学科卒業生132名。
	3月31日	退職教員	佐藤修一郎（経済学科・憲法），佐山周（経済学科・ファッションと経済），三宅輝幸（経済学科・国際金融論），岡本喜裕（経営メディア学科・マーケティング論）

2010年度

2010年	4月1日	着任教員	三浦彰（経済学科，ファッション・ブランド論），丸山一彦（経営メディア学科，マーケティング論）
	4月4日	入学登録	経済学科入学生172名，経営メディア学科入学生173名。
	7月15日	学部紀要発行	『和光経済』第43巻第1号発行。
2011年	3月15日	学部紀要発行	『和光経済』第43巻第2・3号発行。
	3月20日	修了証書交付 （第42回）	経済学科卒業生157名，経営メディア学科卒業生149名（震災のため交付のみ）。
	3月31日	退職教員	小林弘明（経済学科・農業経済学）
		出来事	和光大学経済学部廃止。

2011年度

2011年	4月1日	着任教員	清水雅貴（経済学科・環境経済学），徳永貴志（経済学科・憲法学），當間政義（経営メディア学科・経営学）
	4月4日	入学登録	経済学科入学生206名，経営メディア学科入学生168名。
	10月31日	学部紀要発行	『和光経済』第44巻第1号発行。
		退職教員	山村睦夫（経営メディア学科・経営史）
	12月27日	学部紀要発行	『和光経済』第44巻第2号発行。
2012年	1月15日	訃　報	藤井清名誉教授，逝去。
	3月16日	学部紀要発行	『和光経済』第44巻第3号発行。
	3月19日	修了証書交付（第43回）	経済学科卒業生142名，経営メディア学科卒業生135名。
	3月31日	退職教員	水野谷剛（経済学科・社会環境システム論）

2012年度

2012年	4月4日	入学登録	経済学科入学生160名，経営メディア学科入学生139名。
	10月16日	学部紀要発行	『和光経済』第45巻第1号発行。
	11月1日	出来事	和光リポジトリ運用開始。
2013年	1月31日	学部紀要発行	『和光経済』第45巻第2号発行。
	3月19日	学部紀要発行	『和光経済』第45巻第3号発行。
		修了証書交付（第44回）	経済学科卒業生122名，経営メディア学科卒業生128名。
	3月31日	退職教員	タラウィン・シルヴァーウッド（経済学科・語学教育），長谷川義正（経済学科・工業経済論），西岡久充（経営メディア学科・経営工学）

2013年度

2013年	4月1日	組織改組	経営メディア学科を経営学科に改称。
		着任教員	葉山幸嗣（経済学科・理論経済学），森下直紀（経済学科・環境学），平井宏典（経営学科・産学連携実践論）
	4月3日	入学登録	経済学科入学生155名，経営学科入学生175名。
	12月19日	学部紀要発行	『和光経済』第46巻第1号発行。
2014年	2月20日	学部紀要発行	『和光経済』第46巻第2号発行。
	3月20日	学部紀要発行	『和光経済』第46巻第3号発行。
		修了証書交付（第45回）	経済学科卒業生114名，経営メディア学科卒業生118名。
	3月31日	退職教員	徳永潤二（経済学科・金融論）

2014年度

2014年	4月1日	着任教員	稲田圭祐（経済学科・公共政策），大野幸子（経営学科・マーケティングコミュニケーション）
	4月2日	入学登録	経済学科入学生138名，経営学科入学生151名。
	8月25日	学部紀要発行	『和光経済』第47巻第1号発行。
2015年	1月30日	学部紀要発行	『和光経済』第47巻第2号発行。
	3月20日	修了証書交付（第46回）	経済学科卒業生159名，経営メディア学科卒業生106名。
	3月31日	学部紀要発行	『和光経済』第47巻第3号発行。
		退職教員	大坪史治（経営学科・社会関連会計）

2015 年度

2015年	4月2日	入学登録	経済学科入学生136名，経営学科入学生126名。
	6月1日	訃　報	飯沼博一名誉教授，逝去。
	10月30日	学部紀要発行	『和光経済』第48巻第1号発行。
	11月1日	行　事	和光大学創立50周年記念式典・ホームカミングデー開催。
2016年	1月15日	学部紀要発行	『和光経済』第48巻第2号発行。
	3月18日	修了証書交付（第47回）	経済学科卒業生114名，経営メディア学科卒業生105名。
	3月31日	学部紀要発行	『和光経済』第48巻第3号発行。
		退職教員	竹田泉（経済学科・経済史）

2016 年度

2016年	4月2日	入学登録	経済学科入学生117名，経営学科入学生146名。
	9月12日	学部紀要発行	『和光経済』第49巻第1号発行。
2017年	1月16日	学部紀要発行	『和光経済』第49巻第2号発行。
	3月18日	修了証書交付（第48回）	経済学科卒業生114名，経営学科卒業生117名（旧学科生を含む）。
	3月31日	学部紀要発行	『和光経済』第49巻第3号発行。

2017 年度

2017年	4月1日	着任教員	日臺健雄（経済学科・現代経済史）
	4月5日	入学登録	経済学科入学生163名，経営学科入学生167名。
	8月9日	訃　報	山村睦夫名誉教授，逝去。
	12月25日	学部紀要発行	『和光経済』第50巻第1号発行。
2018年	2月11日	訃　報	上野正男名誉教授，逝去。
	2月28日	学部紀要発行	『和光経済』第50巻第2号発行。

	3月20日	修了証書交付 （第49回）	経済学科卒業生101名，経営学科卒 業生121名（旧学科生を含む）。
	3月30日	学部紀要発行	『和光経済』第50巻第3号発行。
	3月31日	退職教員	奥須磨子（経済学科・日本経済史）， 山田久（経済学科・統計学総論）

2018年度

2018年	4月1日	着任教員	齋藤邦明（経済学科・日本経済史）， 酒井壽夫（経済学科・ファッションと経済），海老原諭（経営学科・会計学）
	4月5日	入学登録	経済学科入学生159名，経営学科入学生156名。
	7月13日	出来事	学長に井出健治郎教授が就任。
2019年	1月13日	訃　報	葉山幸嗣准教授，逝去。
	1月19日	訃　報	石山俊一名誉教授，逝去。
	1月31日	学部紀要発行	『和光経済』第51巻第1号発行。
	2月28日	学部紀要発行	『和光経済』第51巻第2号発行。
	3月20日	修了証書交付 （第50回）	経済学科卒業生90名，経営学科卒業生82名。
	3月29日	学部紀要発行	『和光経済』第51巻第3号発行。
	3月31日	退職教員	星野菜穂子（経済学科・現代日本経済論）

2019 年度

2019年	4月5日	入学登録	経済学科入学生184名，経営学科入学生159名。
	12月25日	学部紀要発行	『和光経済』第52巻第1号発行。
2020年	2月28日	学部紀要発行	『和光経済』第52巻第2号発行。
	3月19日	修了証書交付（第51回）	経済学科卒業生75名，経営学科卒業生87名。新型コロナウイルス感染拡大により，規模を縮小して実施。
	3月30日	学部紀要発行	『和光経済』第52巻第3号発行。
	3月31日	退職教員	酒井壽夫（経済学科・ファッションと経済），井出健治郎（経営学科・会計学）

2020 年度

2020年	4月1日	着任教員	坪井美都紀（経済学科・マクロ経済学），永石尚子（経済学科・キャリアマネジメント），三浦彰（経済学科・ファッションと経済）
	4月	入学登録	経済学科入学生152名，経営学科入学生144名。新型コロナウイルス感染拡大により，入学登録中止。
	5月14日	出来事	前期全科目，オンライン授業で開始。

③ 学生数の動向

	入学登録日	新入生数			学科定員	卒業生数				修了証書交付日
		経済学科	経営学科	経営メディア学科		経済学科	経営学科	経営メディア学科	B学科計	
2005年度					150	161	163		163	3/20
2006年度	4/6	179		180	150	155	186		186	3/20
2007年度	4/6	186		187	150	142	169		169	3/19
2008年度	4/5	191		180	150	147		117	117	3/19
2009年度	4/4	179		178	150	137		132	132	3/20
2010年度	4/4	172		173	150	157		149	149	3/19
2011年度	4/4	206		168	150	142		135	135	3/19
2012年度	4/4	160		139	150	122		128	128	3/19
2013年度	4/3	155	175		150	114		118	118	3/20
2014年度	4/2	138	151		150	159		106	106	3/20
2015年度	4/3	136	126		150	114		105	105	3/18
2016年度	4/4	117	146		150	114	109	8	117	3/18
2017年度	4/5	163	167		150	101	120	1	121	3/20
2018年度	4/5	159	156		130	90	82		82	3/20
2019年度	4/5	184	159		130	75	87		87	3/19
2020年度	中止	152	144							

参考

　上記「新入生数」は，１年次に入学した学生の数です。各年度の編・転・再入学生は次のとおりです。

		経済学科	経営学科	経営メディア学科	B学科計
2005年度	編入学				
	転部転科				
	再入学				
2006年度	編入学	1	2	0	2
	転部転科	0	0	0	0
	再入学	1	1	0	1
2007年度	編入学	5	0	2	2
	転部転科	0	0	0	0
	再入学	1	2	0	2
2008年度	編入学	2	0	1	1
	転部転科	0	0	0	0
	再入学	1	1	0	1
2009年度	編入学	0	6	0	6
	転部転科	0	0	0	0
	再入学	1	1	0	1
2010年度	編入学	2	4	0	4
	転部転科	1	0	0	0
	再入学	1	2	0	2
2011年度	編入学	1	4	0	4
	転部転科	0	0	0	0
	再入学	0	1	0	1
2012年度	編入学	2	0	0	0
	転部転科	0	0	0	0
	再入学	1	0	0	0

		経済学科	経営学科	経営メディア学科	B学科計
2013年度	編入学	3	3	0	3
	転部転科	0	0	0	0
	再入学	1	2	0	2
2014年度	編入学	3	2	0	2
	転部転科	0	0	0	0
	再入学	2	4	0	4
2015年度	編入学	2	2	0	2
	転部転科	0	0	0	0
	再入学	0	0	1	1
2016年度	編入学	0	4	0	4
	転部転科	0	0	0	0
	再入学	0	1	1	2
2017年度	編入学	0	1	0	1
	転部転科	0	0	0	0
	再入学	0	0	0	0
2018年度	編入学	1	2	0	2
	転部転科	0	0	0	0
	再入学	2	1	0	1
2019年度	編入学	3	2	0	2
	転部転科	0	0	0	0
	再入学	1	1	0	1
2020年度	編入学	1	3	0	3
	転部転科	0	1	0	1
	再入学	2	0	0	0

編集後記

　和光大学経済経営学部55周年記念誌委員会一同は，本書を世に送り出すという役目を終え，ホッと胸を撫でおろしている。と同時に多くの方々に心より御礼を申し上げたい。

　本書は，私達のこれまでの"軌跡"を振り返りつつ，継承すべきことと新たに創造すべきことについて，これからの"奇跡"を想い描き，紹介するものである。長い歴史の中で培われた和光の教育・研究力を多くの方に知っていただきたいとの願いを込めている。

　そこで，これまで学部を支えていただいた諸先輩方，また不幸にして道半ばで倒れた同僚諸氏に万感の思いを込めて，敬意と感謝の気持ちを伝えたい。

　そして，現在の学部メンバーと事務方には，新型コロナ感染症が広がるという厳しい状況下で原稿の執筆と校正に取り組んでいただいた。困難な状況下でのご尽力に感謝の念を表したい。

　また，55周年記念誌を「研究論文編」と「教育論文編」の2冊にしたいという，無謀とも思える挑戦にお付き合いいただき，励まし続けていただいた創成社の皆様に御礼を申し上げる。

　思い返すと，本書の企画作りは2019年5月に始まった。当初は（常設の）和光経済編集委員会が母体となり，6月から9月まで毎月，企画と提案を繰り返した。この間，多くの先生方から貴重な助言を得た。出版社の選定も行い，10月には創成社と初会合を行った。ようやく執筆要領がまとまったのは11月も下旬であった。企画から執筆要領の作成まで半年あまりを要したのであった。

企画立案が長丁場となったのは，学部の資源を有効に使いたいと考えた故である。結果として，先生方の研究成果を発表していただくと同時に，和光のユニークな教育もあわせて広く社会に紹介したいという欲張りな出版計画となったのである。

　「研究論文編」はいわゆる記念論文集である。経済経営学部の最新の研究成果と活動を紹介している。と同時に「教育論文編」は和光の特徴的な教育を紹介しつつ，その教育内容が研究成果と結びついていることを解説している。

　さらに「研究論文編」も「教育論文編」も，2020年に新型コロナ感染症が広がる中で，私達がどのように研究と教育を進めてきたのかを記録する役割も担っている。この点から今後は本書を含む2冊が，多くの学校の危機対応の指針作りに寄与することも期待している。

　最後に，学生諸君，卒業生の皆さん，保護者関係各位の皆様にあらためて感謝を申し上げたい。皆様のご理解とご協力があるからこそ，和光の教育力が維持され，かつ，発展してきたのである。

　本書に込められた思いが大勢の方に伝わり，読者諸氏が和光の教育・研究へ関心を持っていただくようになれば大いなる喜びである。

和光大学経済経営学部55周年記念誌委員会
加藤巌（委員長），稲田圭祐，杉本昌昭，
海老原諭，齋藤邦明，丸山一彦

《著者紹介》（執筆順）

①研究分野　②主な担当科目　③最終学校　④学位

鈴木岩行（すずき・いわゆき）担当：第1章，第5章（5）
① アジアに進出した日本企業の研究
② 企業論，アジアビジネス論，ゼミナール
③ 早稲田大学大学院商学研究科博士後期課程満期退学
④ 修士（文学）

上野哲郎（うえの・てつろう）担当：第1章
① ITマネジメント
② テクノロジーマネジメント
③ 慶應義塾大学大学院商学研究科博士課程単位取得満期退学
④ 修士（経営学）

海老原諭（えびはら・さとし）担当：第1章，第2章，第6章，第7章
① 会計制度論
② 入門簿記，基礎簿記，電子会計，会計学，ゼミナール
③ 早稲田大学商学学術院商学研究科博士後期課程単位取得退学
④ 修士（商学）

清水雅貴（しみず・まさたか）担当：はじめに，第2章
① 環境経済学，地方財政学
② 環境経済学，環境と食糧，ライフサイクルアセスメント，ゼミナール
③ 横浜国立大学大学院国際社会科学研究科博士課程後期単位取得退学
④ 修士（経済学）

杉本昌昭（すぎもと・まさあき）担当：第3章，第1章，第2章，第6章，第7章
① 社会学，情報社会学
② 情報と現代
③ 早稲田大学大学院文学研究科社会学専攻博士後期課程満期退学
④ 修士（社会学）

伊藤隆治（いとう・たかはる）担当：第4章（1）

① エンターテインメント経済学，環境芸術
② エンターテインメントと地域社会
③ 東京造形大学造形学部デザイン学科卒業
④ 学士（造形）

加藤　巌（かとう・いわお）担当：第4章（2），第1章，第2章，第6章，第7章

① 開発経済学，経済政策，発展途上国の少子高齢化
② 国際経済学，海外投資論，世界の不平等問題
③ 法政大学大学院政策創造研究科博士課程満期退学
④ 修士（経済学）

稲田圭祐（いなだ・けいすけ）担当：第4章（3），第1章，第2章，第6章，第7章

① 公共政策論，公会計
② 公共政策A／Bなど
③ 明治大学大学院政治経済学研究科博士後期課程修了
④ 博士（経済学）

日臺健雄（ひだい・たけお）担当：第4章（4）

① ソ連経済史，現代ロシア経済
② 現代経済史，グローバル化の経済史，キャッチアップの経済史
③ 東京大学大学院経済学研究科博士課程単位取得退学
④ 修士（経済学）

和智達也（わち・たつや）担当：第4章（5）

① 農林業政策論
② 現代農業経済論，農林業再生論，アジアの農林業問題，欧米の農林業問題
③ 鳥取大学大学院連合農学研究科博士課程修了
④ 博士（農学）

當間政義（とうま・まさよし）担当：第5章（1）
① 経営組織論，環境経営論
② 基本経営学，ビジネスデザイン，環境マネジメント
③ 立教大学大学院ビジネスデザイン研究科博士課程修了
④ 博士（経営学），博士（経営管理学）

丸山一彦（まるやま・かずひこ）担当：第5章（2），第1章，第2章，第6章，
　　第7章
① マーケティング，イノベーション，新商品開発マネジメント，ビジネス統計
② マーケティング論，現代流通論，ゼミナール2〜4
③ 成城大学大学院経済学研究科経営学専攻博士課程修了
④ 博士（経済学）

平井宏典（ひらい・ひろのり）担当：第5章（3）
① 産学連携，経営戦略，文化経営，アートビジネス
② 産学連携実践論，競争戦略論，経営戦略論
③ 東洋大学大学院経営学研究科博士後期課程修了
④ 博士（経営学）

BAMBANG RUDYANTO（ばんばん・るでぃあんと）担当：第5章（4）
① 地理情報システム，リモートセンシング，防災国際協力
② メディアビジネス論，データベース論，フィールドワーク
③ 東京大学大学院工学研究科先端学際工学専攻修了
④ 博士（学術）

小林猛久（こばやし・たけひさ）担当：第5章（6）
① ビジネスコミュニケーション
② ビジネスコミュニケーション
③ 静岡大学大学院人文社会学研究科修士課程修了
④ 修士（文学）

齋藤邦明（さいとう・くにあき）担当：第8章，第1章，第2章，第6章，第7章

① 日本経済史
② 日本経済史，経済政策史，農業経済史，日本史概説
③ 東京大学大学院経済学研究科単位取得退学
④ 博士（経済学）

（検印省略）

2021年3月9日　初版発行　　　　　　　　　　　　略称－教育論文

経済経営学部のキセキ

和光大学経済経営学部55周年記念　教育論文編

編　者	和光大学 経済経営学部	
発行者	塚　田　尚　寛	

発行所	東京都文京区 春日2－13－1	株式会社　創　成　社

電　話 03（3868）3867　　　FAX 03（5802）6802
出版部 03（3868）3857　　　FAX 03（5802）6801
http://www.books-sosei.com　　振　替 00150-9-191261

定価はカバーに表示してあります。

＊和光大学 Twitter

最新のニュースやイベント情報，学生・教職員の活躍の様子などを発信しています。

＊和光大学 Instagram

＊和光大学 入試広報室 Twitter

入試情報やオープンキャンパスなどのイベント情報を発信しています。

＊YouTube 和光大学入試チャンネル

大学紹介や様々な模擬授業「和光10分大学」といった動画を公開しています。

＊和光３分大学

小田急線の電車内広告です。先生方の研究・教育内容をイラスト付きで紹介しています。
以前のものを和光大学のホームページでご覧になれます。